Irma Amrehn (Hrsg.)
Rudi Schmitt (Hrsg.)

Übergänge gestalten!

Von der Grundschule in die weiterführenden Schulen

Organisationshilfen – Praxismaterialien – Vorlagen für die Elternarbeit

Auer Verlag

Herausgeber:

Irma Amrehn
Rudi Schmitt

Autoren:

(erarbeitetes Kapitel in Klammern)

Irma Amrehn (1.2; 4)
Gabriele Freiberg (1.2)
Daniela Glos (3.9)
Wilfried Griebel (1.1)
Rainer Herzing (3.9)
Petra Hiebl (2)
Janine List (3.4)
Andreas Neiderer (3.3; 3.6; 3.7; 3.8)
Michaela Neiderer (3.3; 3.6; 3.7; 3.8)
Matthias Rascher (3.9)
Rudi Schmitt (1.2; 4)
Klaus Schuster (3.9)
Stefan Seitz (2)
Brigitte Umkehr (3.1; 3.2)
Monika Wandel (3.5)

Die Internetadressen, die in diesem Werk angegeben sind, wurden vom Verlag sorgfältig geprüft (Redaktionsschluss April 2012). Da wir auf die externen Seiten weder inhaltliche noch gestalterische Einflussmöglichkeiten haben, können wir nicht garantieren, dass die Inhalte zu einem späteren Zeitpunkt noch dieselben sind wie zum Zeitpunkt der Drucklegung. Der Auer Verlag übernimmt deshalb keine Gewähr für die Aktualität und den Inhalt dieser Internetseiten oder solcher, die mit ihnen verlinkt sind, und schließt jegliche Haftung aus.

Hinweisen an info@auer-verlag.de auf veränderte Inhalte verlinkter Seiten werden wir selbstverständlich nachgehen.

Aufgrund der besseren Lesbarkeit ist in diesem Buch mit Schüler auch immer Schülerin gemeint, ebenso verhält es sich mit Lehrerin und Lehrer etc.

Gedruckt auf umweltbewusst gefertigtem, chlorfrei gebleichtem
und alterungsbeständigem Papier.

1. Auflage 2012
Nach den seit 2006 amtlich gültigen Regelungen der Rechtschreibung
© Auer Verlag
AAP Lehrerfachverlage GmbH, Donauwörth
Alle Rechte vorbehalten
Das Werk und seine Teile sind urheberrechtlich geschützt. Jede Nutzung in anderen als den gesetzlich zugelassenen Fällen bedarf der vorherigen schriftlichen Einwilligung des Verlages. Hinweis zu § 52 a UrhG: Weder das Werk noch seine Teile dürfen ohne eine solche Einwilligung eingescannt und in ein Netzwerk eingestellt werden. Dies gilt auch für Intranets von Schulen und sonstigen Bildungseinrichtungen.
Satz: Typographie & Computer, Krefeld
Druck und Bindung: Aubele Druck GmbH, Bobingen
ISBN 978-3-403-**06851**-8

www.auer-verlag.de

Vorwort			5
Grußwort			6

1 Übergänge wahrnehmen – Brücken bauen – Kinder stärken ... 7

- 1.1 Vom Wesen der Transition ... 7
  - 1.1.1 Einleitung ... 7
  - 1.1.2 Zwei Traditionen der Theorie von Transitionen beim Eintritt in das Schulsystem ... 7
  - 1.1.3 Empirische Forschung zum Übertritt in die weiterführende Schule ... 10
  - 1.1.4 Das ko-konstruktive Wesen der Tradition ... 11
- 1.2 Unterschiedliche Übergänge ... 11
  - 1.2.1 Der Übergang vom Kindergarten in die Grundschule ... 12
  - 1.2.2 Der Übergang von der Grundschule in die weiterführenden Schulen ... 15
  - 1.2.3 Der Übergang zurück in die ehemals abgebende Schule ... 16
  - 1.2.4 Die Durchlässigkeit der Schulsysteme ... 17

2 Übertritt im Blick ... 19

- 2.1 Rahmenbedingungen und Verfahren ... 19
  - 2.1.1 Der rechtliche Rahmen ... 19
  - 2.1.2 Die Übertrittsregelungen ... 20
  - 2.1.3 Schulisches Umfeld ... 22
- 2.2 Die Akteure des Übertritts ... 23
- 2.1 Die Rolle des Lehrers an den weiterführenden Schulen ... 23
- 2.2 Das Kind im Übergang ... 29
- 2.3 Die Rolle der Eltern ... 33

3 Übergänge vorbereiten und begleiten ... 37

- 3.1 Leistungsstand und Benotung ... 37
  - 3.1.1 Grundlagen/Gesetzliche Vorgaben ... 37
  - 3.1.2 Die Rolle der Leistungen bei der Übertrittsberatung ... 37
  - 3.1.3 Prüfungsarbeiten – Aufbau/Anforderungsstufen ... 40
- 3.2 Auffälligkeiten beim Schüler ... 41
  - 3.2.1 Erkennen von Auffälligkeiten ... 41
  - 3.2.2 Ursachen für Auffälligkeiten und Lösungsmöglichkeiten ... 42
- 3.3 Information und Einbeziehung der Eltern ... 43
  - 3.3.1 Elternabend ... 43
  - 3.3.2 Elternbriefe ... 43
  - 3.3.3 Fragebögen und Schülerprofil ... 43
- 3.4 Prüfungsangst und Konzentration ... 45
  - 3.4.1 Prüfungsangst ... 45
  - 3.4.2 Konzentration ... 47
- 3.5 Vorbereitung an der Grundschule ... 49
  - 3.5.1 Persönliche und soziale Kompetenz ... 49

INHALTSVERZEICHNIS

    3.5.2 Lern- und Methodenkompetenz 50

    3.5.3 Grundlegende Arbeitstechniken und Stützstrategien 52

    3.5.4 *Lernen lernen* als Lernplan in Grundschule und weiterführender Schule 53

3.6 Hospitationen von Lehrkräften an der Grundschule 53

3.7 Grundschullehrkräfte an den weiterführenden Schulen 54

3.8 Gemeinsame Konferenzen 58

3.9 Die Kernfächer im Blick: Deutsch – Mathematik – Englisch 59

    3.9.1 Deutsch 59

    3.9.2 Mathematik 62

    3.9.3 Englisch 69

4 Übergänge gestalten als langfristiges Vorhaben 74

4.1 Die Idee 74

    4.1.1 Betroffene zu Beteiligten machen 74

    4.1.2 Voneinander wissen – voneinander lernen 80

    4.1.3 Strukturen zur Unterstützung schaffen 82

4.2 Die Umsetzung 88

    4.2.1 Überblick und Vorgehensweise 88

    4.2.2 Stabilisierung und Ausweitung 89

5 Resümee 91

Literaturverzeichnis 92

Quellennachweis 95

Materialsammlung 96

Vorwort

Ein Spiegel der sich ständig und sehr rasch verändernden Gesellschaft ist auch der Weg, den ein Kind im Laufe seiner Entwicklung sowohl im familiären als auch im schulischen Bereich geht. Zweifelsohne ist er gekennzeichnet durch unzählige Herausforderungen aufgrund des fortwährenden Wandels seiner Lebenswelten. Ihm nahestehende Bezugspersonen wie Eltern, Geschwister, weitere Familienmitglieder, Freunde und die jeweils verantwortlichen Pädagogen können ihm helfen, neue Aufgaben als Chance zur eigenen Entfaltung wahrzunehmen und diese erfolgreich zu meistern. Gleichzeitig muss jedes einzelne Kind aber auch lernen, Schritte zunehmend selbstständig zu gehen, um später als Erwachsener aus eigener Kraft voranzukommen und sein Leben selbst zu gestalten.

Lernen begleitet den Menschen während seines ganzen Lebens. Neben dem Erwerb von Wissen wird daher auch der Erwerb von Lerntechniken und Lernstrategien notwendig und schließlich unabdingbar.

> *„Man kann einen Menschen nicht lehren,*
> *man kann ihm nur helfen,*
> *es in sich selbst zu tun."*
> *(Galileo Galilei)*

Eine nicht unerhebliche Rolle spielen dabei die gelungenen Übergänge von einer dem Kind vertrauten Umwelt in eine neue Umgebung. „Lebenstüchtigkeit und Lebensqualität hängen in einer sich schnell verändernden Umwelt davon ab, ob man durch individuell umfangreiche und systematische Lernprozesse den jeweils wechselnden Anforderungen ausreichend gerecht werden kann." (WILD, 2002)

So verlässt das Kind den gewohnten, ihm wohl vertrauten Tagesablauf in der Familie beim Wechsel in die Kindertagesstätte. Hier begegnet es anderen Strukturen, nimmt selbst Einfluss darauf auf dem Hintergrund seiner bisherigen Erfahrungen. Der nächste größere Schritt ist der Übergang vom Kindergarten in die Grundschule. Neben der räumlichen Veränderung treten neue Bezugspersonen, ein anderer Tagesrhythmus sowie umfangreiche Lerninhalte in das Leben des Grundschulkindes.

Darüber hinaus ist der Übertritt in eine weiterführende Schule prägend für den Verlauf des Bildungsweges. Schließlich folgen die Übergänge in Ausbildung, Berufsschule, Fachhochschule oder Universität.

Der vorliegende Band beschäftigt sich mit dem Übergang von der Grundschule in eine der weiterführenden Schulen. Von allen Übergängen ist es derjenige, der seit Jahren besonders stark im Zentrum des gesellschaftlichen Interesses steht.

Der Wechsel in eine weiterführende Schule wird oft vordergründig verknüpft mit der Verteilung von Lebenschancen. Der dadurch aufgebaute Erwartungsdruck von außen erschwert für alle Beteiligten den Prozess der richtigen Schulwahl.

Das Buch will einen Beitrag dazu leisten, diese Nahtstelle genauer zu betrachten. Die Publikation spannt den Bogen von den Grundlagen der Transition über Rahmenbedingungen und gelungene Beispiele der Kooperation bis hin zu einem Gesamtkonzept. So werden Wege aufgezeigt, wie der Übergang zur bestmöglichen Förderung des Kindes gestaltet werden kann.

Denn häufig wird der Blick nur auf den kurzen Abschnitt des Übertritts bzw. das Übertrittsverfahren gerichtet und nicht beachtet, dass ein langer Prozess stattfindet, der in der Grundschule beginnt und sich je nach unterschiedlicher Entwicklung ein gutes Stück in die weiterführende Schule fortsetzt.

Deshalb geht es gerade bei diesem Übergang um die Gestaltung eines längerfristigen Prozesses, in den die Kinder, deren Eltern sowie die Lehrkräfte der verschiedenen Schularten gleichermaßen einbezogen werden und somit dabei auch gestaltend tätig werden können.

> *„Alles Flexible und Fließende*
> *neigt zu Wachstum,*
> *alles Erstarrte und Blockierte*
> *verkümmert und stirbt."*
> *(Lao Tse)*

Wir bedanken uns bei allen Autorinnen und Autoren für Ihr Engagement und für die gute Zusammenarbeit.

Irma Amrehn / Rudi Schmitt

Grußwort

Zukunftsfähige Strukturen für die optimale Entwicklung unserer Jugend zu schaffen, ist **ein** Leitziel der Regierung von Unterfranken. Dabei haben sich die Schnittstellen zwischen den verschiedenen Bildungseinrichtungen als besonders sensible Bereiche in der Schullaufbahn der Kinder herausgestellt. Der erfolgreiche Übergang von einer Schulart in die nächste ist entscheidend für die Entwicklung des einzelnen Kindes und wirkt sich auf dessen emotionale Stabilität ebenso wie auf den Sozialisationsprozess nachhaltig aus. Deshalb initiierte eine bereits im Jahr 2003 hierfür eingesetzte Arbeitsgruppe der Regierung von Unterfranken die Intensivierung der Zusammenarbeit zwischen den Bildungsinstitutionen.

So wurden auf vielen Ebenen Strukturen zur effektiven Gestaltung gerade dieser Nahtstellen geschaffen. Die hierfür notwendige Kooperation beginnt bei den Erzieherinnen der Kindertagesstätten, den betreffenden Eltern und den Lehrkräften der Grundschulen. Sie ist prägend und wegweisend für weitere Übergänge. Die pädagogischen und fachlichen Aufgaben umfassen sowohl die Einbeziehung aller Beteiligten als auch die konkrete Auseinandersetzung mit inhaltlichen Themen. Dies kann nicht allein dem Engagement Einzelner überlassen bleiben. Vielmehr muss das Thema „Übergänge gestalten" Ziel der Schulentwicklung insgesamt sein; es betrifft somit das Bildungssystem als Ganzes.

Die konkrete Umsetzung der Aufgaben war verbunden mit der Geburtsstunde des dazugehörenden Logos.

Die durch die Übergangsgestaltung geforderte Flexibilität und Dynamik kommt ebenso wie der nachhaltige Auftrag zum Brückenbauen zwischen den Institutionen zum Ausdruck.

Die Regierung von Unterfranken hat aufgrund dieser großen Bedeutung optimaler Übergänge die Gründung der „Virtuellen Grundschule" begleitet, aus der auch die Plattform *www.uebergaengestalten.de* entstanden ist. Diese dient einerseits der Dokumentation von „Good-Practice"-Beispielen, andererseits stellt sie konkrete Ideen für eine gezielte Umsetzung der Ziele einer professionellen Kooperation zur Verfügung. Darüber hinaus bietet die Plattform eine gute Möglichkeit der Vernetzung über den Bezirk hinaus.

Als Regierungspräsident begrüße ich es außerordentlich, dass mit dem vorliegenden Band vielfältige Erfahrungen in der Praxis und grundsätzliche wissenschaftliche Aussagen zu dem Thema organisch miteinander verbunden werden. Mögen die zahlreichen Beispiele Impulse setzen und Anregungen geben für eine erfolgreiche Gestaltung des Übergangs zwischen der Grundschule und den weiterführenden Schulen.

Dr. Paul Beinhofer

Regierungspräsident

1 Übergänge wahrnehmen – Brücken bauen – Kinder stärken

> Der Übergang von einer Bildungseinrichtung in eine andere stellt einen vielschichtigen Prozess dar, der für die Entwicklung des jungen Menschen von herausragender Bedeutung ist. Die Art und Weise, wie ein Übergang erlebt wird, hat großen Einfluss auf die Bewältigung der im Leben des Kindes folgenden Veränderungen. Dabei ist – aus unterschiedlichen Gründen – der Übergang von der Grundschule in eine weiterführende Schule schon seit Jahren besonders in den Mittelpunkt gerückt.
> Damit die Schnittstellen zwischen den einzelnen Stationen im schulischen Werdegang eines Kindes geschlossen und durch deren enge Verzahnung ein gelingender Übergang gewährleistet werden kann, müssen all diejenigen, die an der Erziehung und Bildung unserer Kinder und Jugendlichen beteiligt sind, nämlich Eltern, Erzieherinnen, Lehrkräfte, Schulleitungen, Erziehungsberatung, Ausbildungsleiter u. a., an einem Strang ziehen – sie müssen gemeinsam in eine Richtung rudern.

1.1 Vom Wesen der Transition

1.1.1 Einleitung

> Transition als theoretisch unterlegter Fachbegriff anstelle eines umgangssprachlich verstandenen Übergangs wird auf Lebensereignisse bezogen, die eine Bewältigung von beschleunigten Veränderungen auf unterschiedlichen Ebenen erfordern. Die Bewältigung beinhaltet einen sozial eingebetteten Prozess intensiven Lernens an der Nahtstelle von persönlicher Bewältigung und gesellschaftlich vorgegebenen Anforderungen. Übergänge werden als bedeutsame biographische Erfahrungen erlebt und finden in der Entwicklung der Identität ihren Niederschlag (NIESEL/GRIEBEL 2010).

Mit dieser Definition ist der nachfolgenden Darstellung der Transitionsforschung schon vorgegriffen. Wir werden sehen, wie wir dahin gelangen!

Veränderungen im Leben, Vorstellungen von Stufen im Lebenslauf sind Themen, die die Menschen seit dem Altertum zu ergründen versucht haben. Solon in Athen teilte den Lebenslauf in Jahrsiebte ein, die er jeweils mit gesellschaftlicher Stellung und mit Kompetenzen, wie z. B. Kunst der Rede, in Verbindung brachte. Soziologische Lebenszyklusforschung ermittelte Zusammenhänge zwischen Lebensalter und Ereignissen wie Ausbildung, Berufseinstieg, Partnerschaft, Ehe oder Geburt von Kindern. Wandel in gesellschaftlichen Normen ließen aber die Vorstellungen von festgefügten Abfolgen von solchen Ereignissen nur begrenzt brauchbar erscheinen. In der Psychologie zeigte es sich, dass starre Stufenmodelle von Entwicklung ebenfalls nur begrenzte Aussagekraft haben.

> Das Erkenntnisinteresse richtete sich zunehmend auf die Wechsel und Übergänge zwischen definierten Zuständen von Zugehörigkeit zu gesellschaftlichen Gruppen und zum gesellschaftlichen Status und auf die damit verbundenen Veränderungen, die das Individuum bewältigen muss.

Es hat sich interdisziplinär eine Übergangs- oder Transitionsforschung entwickelt, die sich mit unterschiedlichen Bereichen der Auseinandersetzung des Einzelnen mit gesellschaftlichen Anforderungen beschäftigt (u. a. BÜHRMANN 2008; KUTSCHA 1991; WELZER 1993).

Diese Forschung ist besonders fruchtbar geworden im Hinblick auf die Bildungssysteme, die international – wenn auch in verschiedener Weise – segmentiert sind. Das heißt, dass Kinder unterschiedlicher Altersstufen unterschiedlichen Einrichtungen für deren Betreuung, Erziehung und Bildung außerhalb der Familie zugewiesen werden. Besondere Aufmerksamkeit hat dabei der Eintritt ins formale Schulsystem erfahren.

1.1.2 Zwei Traditionen der Theorie von Transitionen beim Eintritt in das Schulsystem

> Die Untersuchung des Übergangs in die Schule erfolgt vor allem in zwei Traditionen von Theorie, die sich als anthropologisch-soziologisch einerseits und entwicklungspsychologisch andererseits umschreiben lassen (GRIEBEL 2011).

Die aus dem Vereinigten Königreich stammende Richtung der Transitionsforschung bezieht sich häufig auf Bronfenbrenner, Elder, van Gennep, Bourdieu und Bruner (v. a. DUNLOP/FABIAN 2006; DUNLOP 2007). Diese aus der frühen Soziologie und Anthropologie interdisziplinär herangezogenen Quellen, die vor allem in der englischsprachigen Forschungsliteratur zitiert werden, eröffnen einen spezifischen Blick auf Bildungsübergänge.

Der ökopsychologische Ansatz von Bronfenbrenner (BRONFENBRENNER 1989) sieht dabei Familie, vorschulische Einrichtung und Schule als Sozialisationsinstanzen für das Kind, eingebettet in jeweils übergeordnete Einflusssysteme, und beschreibt den Wechsel zwischen diesen Systemen unter diesen Bedingungen näher, z. B. als Wechsel in den Beziehungen und in den Rollen. In der genannten Tradition wird der Wechsel zwischen „Kulturen" hervorgehoben und statt von Curricula wird eher von „Philosophien" gesprochen. Übergangsriten und das Kind als Lerner werden thematisiert. Der Begriff von Transitionen ist relativ weit gefasst. „Vertikale" Übergänge bezeichnen solche von einer Stufe im Bildungssystem zur nächsten, „horizontale" Übergänge bezeichnen Wechsel im pädagogischen Setting im Tagesverlauf (Familie, Schule, Hort, Tagespflege) (KAGAN/NEUMAN 1998) und gelegentlich sogar Wechsel von Unterrichtseinheiten und methodische Wechsel innerhalb derselben. Schließlich werden nach diesem Verständnis auch Transfers, also Wechsel von einer Schule zu einer anderen – ohne dass ein Wechsel des Schultyps und ein Statuswechsel impliziert ist – als Transitionen angesehen. Anpassung der Kinder im sozialen, sprachlichen und allgemein akademischen Bereich und ihre Einflussfaktoren werden untersucht. Kennzeichnend sind Bestrebungen, über Kontinuität in den Erfahrungen des Kindes Lernfortschritte zu erleichtern und einen „sanften" oder „gleitenden" Übergang herzustellen (DUNLOP/FABIAN 2006).

Ein **entwicklungspsychologischer**, genauer gesagt, ein aus der Entwicklungspsychologie der Familie stammender **Ansatz** in der Transitionsforschung (COWAN 1991) wurde auf Bildungsübergänge übertragen und weiterentwickelt (GRIEBEL/NIESEL 2011). Dem liegt ebenfalls das ökopsychologische Modell Bronfenbrenners zugrunde, um den Wechsel von den Entwicklungsbedingungen in der Familie zu den Bedingungen in außerfamilialen Bildungseinrichtungen zu verstehen.

Grundgelegt ist damit, dass nicht nur das Kind seinen Entwicklungskontext verändert, sondern dass auch die Eltern dabei Einfluss behalten. Wichtig ist zum Verständnis der Bewältigung von Veränderungen auch der Stressansatz (LAZARUS 1995), wobei sowohl der Einzelne (das Kind) als auch soziale Systeme (die Familie) Veränderungen und damit einhergehende Belastungen und Herausforderungen bewältigen. Ökopsychologisches Modell sowie Stressansatz sind in der Familienpsychologie wegweisend geworden (OERTER/MONTADA 1995; SCHNEEWIND 2010).

Zur Weiterentwicklung des entwicklungspsychologischen Transitionsmodells hat ferner die **Theorie der kritischen Lebensereignisse** (FILIPP 1995) beigetragen, die für die Einschätzung von Risiken und Chancen bei Veränderungen im Lebensumfeld bedeutend geworden ist. Da es sich um Ereignisse in der Lebensspanne handelt, kommt hier wiederum in den Blick, was Bildungsübergänge des Kindes für die Anpassung und Entwicklung der Eltern bedeuten. Entwicklung im Erwachsenenalter beinhaltet Lernprozesse und Veränderung von Einstellungen, aufgrund derer sie anders als zuvor auf Ereignisse reagieren, Informationen anders verarbeiten und anders mit Problemen umgehen (BRANDTSTÄDTER 2007).

Die Orientierung auf Ziele und Lebenspläne geschieht in Interaktion mit Selbstregulierung und kulturellen Erwartungen und größerem Bewusstsein der damit verbundenen Veränderungen für den Einzelnen. Biologische, kulturelle und persönliche Aspekte lassen Entwicklung im Erwachsenenalter als Ko-Konstruktion mit besonderer Betonung des aktiven Handelns erscheinen (VALSINER 1994). In einer sozio-konstruktivistischen Perspektive des Übergangs ist eine Transition ein Prozess von Verständigung der Beteiligten aus Familie und Bildungseinrichtungen über die Bedeutung und den Inhalt der verschiedenen Übergänge mittels Kommunikation und Partizipation der Beteiligten.

> Eine Transition ist also eine Ko-Konstruktion (GRIEBEL/NIESEL 2011; NIESEL/GRIEBEL 2008). Kinder und ihre Eltern bewältigen den Übergang aktiv, wobei sie sich gegenseitig beeinflussen. Die Fach- und Lehrkräfte sowie gegebenenfalls weitere beteiligte Dienste und die sozialen Netze der Familien beeinflussen die Übergangsbewältigung.

Die Anforderungen an Kinder und Eltern lassen sich anhand eines Strukturmodells von Entwicklungsaufgaben beim Übergang zu Eltern eines Schulkindes analog zu denen, die das Kind bewältigt, zeigen (GRIEBEL 2010).

Der Transitionsansatz beinhaltet also eine Familienperspektive. Eltern selbst sehen sich bei Bildungsübergängen vorrangig als Unterstützer ihres Kindes; oft erst im Nachhinein wird ihnen bewusst, welche Unsicherheiten sie selbst überwinden mussten und wie sie allmählich in ihre neue Identität als Eltern eines Schulkindes hineingefunden haben. Bislang werden Eltern bei diesem Übergang nicht gezielt unterstützt. Die Bewältigung von Übergängen des Kindes auch als Entwicklung von Eltern zu sehen, ist dabei relativ neu und hat für die Kooperation zwischen Bildungseinrichtungen und Familien Konsequenzen (GRIEBEL 2010).

Theoretische Schwerpunktsetzungen bei unterschiedlichen Übergängen

Der Übergang in die erste außerfamiliale Einrichtung für Kinder von bis zu drei Lebensjahren (Krippe) hat die längste Tradition einer von einer psychologischen Theorie geleiteten pädagogischen Gestaltung. Hier ist die Bildungstheorie maßgeblich geworden, die das Zusammenspiel von Kind, seinen Eltern und der Fachkraft und das Gefühl von Sicherheit beim Kind, das es für Angebote seiner neuen Umgebung und damit für frühkindliche Bildung öffnet, thematisiert (BECKER-STOLL/NIESEL 2009). Auch der Aspekt der Entwicklung von Eltern ist beim Übergang in die Krippe herausgearbeitet worden (GRIEBEL/HARTMANN 2010).

Zur Untersuchung des Übergangs in den Kindergarten, also für Kinder ab drei Jahren, ist eine größere Bandbreite von Theorien herangezogen worden, einschließlich der Bindungstheorie, der Stresstheorie, der Temperamentstheorie und der Übergangstheorie (GRIEBEL 2008).

Der Übergang in die Schule wiederum ist in Deutschland schwerpunktmäßig unter dem Gesichtspunkt der Transitionstheorie behandelt worden. Nur in Verbindung mit dem Bayerischen Bildungs- und Erziehungsplan (bzw. auch dem hessischen Bildungsplan) sieht Faust (FAUST 2008) darin allerdings den Ansatz einer noch ausstehenden umfassenden Schuleingangstheorie – die der Sache nach ihrerseits jedoch keine anderen Bildungsübergänge umfassen würde.

Theoretisch als normative kritische Lebensereignisse aufgefasst, untersuchte Beelmann (BEELMANN 2006) die Übergänge in die Kindertagesstätte, in die Grundschule und in die weiterführende Schule. Normative Lebensereignisse sind dabei solche, die nahezu alle Kinder in einer Gesellschaft betreffen. Der Übertritt in die weiterführende Schule ist im Rahmen des Transitionsmodells konzipiert – aber nicht empirisch untersucht – worden (GRIEBEL/NIESEL 2011). Im Hinblick auf den hessischen Bildungsplan für Kinder bis 10 Jahren wurde dies ausgeführt (GRIEBEL/BERWANGER 2007). Im Rahmen einer praxisorientierten Konzeption von Bausteinen für die Kooperation aller Beteiligten ist der Übergang von der Grundschule in die weiterführende Schule in Bayern ebenfalls als ko-konstruktiver Prozess formuliert worden (GRIEBEL/HIEBL 2010; HIEBL/GRIEBEL 2010).

> Dieser Prozess beinhaltet, dass alle Beteiligten sich darauf verständigen, was es heißt, von der Grundschule in die weiterführende Schule zu wechseln. Für die Kinder stellen sich dabei Entwicklungsaufgaben, die sie sozial eingebettet lösen müssen.

Sie lassen sich auf **drei Ebenen** strukturieren, um so die Komplexität dessen, was das Wesen des Übergangs ist, zu beleuchten:

(a) Auf der **Ebene des Individuums** betreffen diese Entwicklungsaufgaben beim Übergang zum Schulkind in eine weiterführende Schule die Optimierung des akademischen und sozialen Selbstkonzepts, sie betreffen Basiskompetenzen (wie Kommunikations- und Kooperationsfähigkeit) und spezifische Kompetenzen (wie Leseleistung), Motivation als Herausforderung und Anstrengungsbereitschaft sowie Erfolgsorientierung und schließlich die Einstellung auf den Übergang zum Schulkind in einen Typ der weiterführenden Schule und seine Bewältigung (z. B. als Zugehörigkeitsgefühl).

(b) Auf der **Ebene der Beziehungen** sind teilweise Veränderungen in den Familienbeziehungen (z. B. Leistungsdruck) zu bewältigen, Veränderungen in Beziehungen in der Grundschule auszuhalten, d. h. Freundschaftsnetze auch über Konkurrenzdruck aufrechtzuerhalten, Abschiede von Beziehungen in der Grundschule (z. B. vom Klassenlehrer) zu verarbeiten, in der neuen Schule sich am Aufbau einer Gemeinschaft von Lernenden zu beteiligen und unter den Lehrkräften Bezugspersonen zu finden, sich auf eine neue Rolle mit veränderten Erwartungen (z. B. Selbstständigkeit, Lernformen) einzustellen sowie sich an Informationssuche und Entscheidung über die Schulwahl mit Eltern und Lehrkräften zu beteiligen.

(c) Auf der **Ebene der Lebensumwelten** steht eine Umstellung auf veränderte Rahmenbedingungen an, wie größere Schulen mit mehreren, weniger persönlich gestalteten Unterrichtsräumen, auf eine größere Fächerdifferenzierung mit Fachlehrkräften, auf mehr Bedeutung von Leistungsüberprüfung und auf veränderte Didaktik und Bildungsziele (vgl. GRIEBEL/HIEBL 2010). Für die Eltern, die einerseits ihr Kind in diesem Übergang unterstützen, andererseits sich selbst auf mit dem Schulübertritt einhergehende Veränderungen in ihrem Leben einstellen müssen, lassen sich ebenfalls Entwicklungsaufgaben auf den genannten Ebenen formulieren. Diese veranschaulichen die Komplexität der Anforderungen für die Eltern. Sich über die Bedeutung des Übergangs ko-konstruktiv zu verständigen, erfordert dann seitens der Lehrkräfte der Grundschule und der weiterführenden Schule(n) Kommunikation und Kooperation unter Beteiligung der Eltern und Kinder.

> Die Kompetenz, den Übergang in eine weiterführende Schule erfolgreich zu bewältigen, erweist sich damit als Kompetenz nicht eines Kindes alleine, sondern des sozialen Systems aus Bildungseinrichtungen und Familie (GRIEBEL/HIEBL 2010).

1.1.3 Empirische Forschung zum Übertritt in die weiterführende Schule

Aus Deutschland vorliegende empirische Studien liefern Ergebnisse, die sich zur Unterstützung des Konzepts der genannten Entwicklungsaufgabe im Übergang eignen (zusammenfassend GRIEBEL/NIESEL 2011).

> Der Übergang in die weiterführende Schule ist als biografischer Bruch im Blick auf Beziehungen, Lernformen, Verhaltensregeln und Erwartungen beschrieben worden.

Befragungen von Kindern (MITZLAFF/WIEDERHOLD 1989) erbrachten Sorgen und Befürchtungen in Hinsicht auf soziale Probleme vor allem mit älteren Mitschülern auf dem Schulweg (Schulbus) und auf dem Pausenhof, auf den Verlust alter Freunde sowie der Klassenlehrer. Wenn befreundete Kinder in dieselbe neue Schule und Klasse kamen, wurde das als erleichternd erlebt. Die Kinder freuten sich auf neue Freunde, äußerten sich aber auch unsicher darüber, ob sie welche finden würden. Unsicher waren sie auch hinsichtlich der Beziehungen zu neuen Lehrkräften – für viele war es neu, sich auf männliche Lehrkräfte einzustellen. Wichtig war ihnen, eine Lehrkraft zu finden, die Verständnis für sie hatte und der sie Vertrauen entgegenbringen konnten. Dazu gehörte auch genügend Zeit (Wochenstunden), die sie mit den einzelnen (Fach-)Lehrkräften verbrachten. Wohlbefinden der Kinder in ihren sozialen Bezügen wirkte sich auf ihre Leistungsfähigkeit aus, Veränderungen wurden auch in den Beziehungen zu den Eltern festgestellt; die starke Betroffenheit der Eltern vom Schulwechsel wurde als Druck und Belastung erlebt. Beziehungen zu Mitschülern und zu Lehrkräften waren bedeutender als die Beziehungen zu den Eltern. Neben Neugier und Freude auf neue Fächer wurden Unsicherheit und Ängste erlebt hinsichtlich höherer Leistungsanforderungen, die sich in einer größeren Anzahl von Schulfächern, größerem Umfang von Hausaufgaben – damit verbunden weniger Erholungszeit – manifestierten; Schulnoten und Schulerfolg hatten für die Beziehungserfahrungen unter Gleichaltrigen und mit den Eltern größere Bedeutung als zuvor (MITZLAFF/WIEDERHOLD 1989). Die ungewohnte Struktur der weiterführenden Schule, größere Gebäude, größere Klassenstärken, unpersönlicher gestaltete Räume und längere Schulwege wurden als belastend erfahren. Im Hinblick auf die Gestaltung des Übergangs wurde von den Kindern Entgegenkommen und Gesprächsbereitschaft seitens der neuen Schule gewünscht und die Gelegenheit, die neuen Mitschüler sowie die Klassenlehrer bereits vor dem Wechsel kennenzulernen (MITZLAFF/WIEDERHOLD 1989).

Die **Bedeutung des anstehenden Übertritts nach der Grundschule aus der Sicht der Kinder** untersuchte Sirsch (SIRSCH 2000) in Wien auf der Grundlage des Stresskonzepts von Lazarus. Die Mehrheit empfand in Hinsicht auf soziale Beziehungen und auf Leistungserwartungen den bevorstehenden Wechsel als Herausforderung, weniger als Bedrohung. Kinder, die eine höhere soziale Herausforderung äußerten, hatten eine positivere Einstellung zur Schule und zu den anderen

Kindern, hatten mehr Freunde in der Klasse und kannten auch die neue Schule besser. Die neue Schule bereits zu kennen, ging mit geringerer gefühlter Bedrohung einher. Eine hohe leistungsbezogene Herausforderung hing zusammen mit höherer Selbsteinschätzung, positiver Einstellung zur Lehrkraft, etwas schlechterem Leistungsschnitt und stärkerem Leistungsdruck.

In einer **Studie zur Bewältigung des Übertritts** durch die Kinder **als kritisches Lebensereignis** fand Beelmann (BEELMANN 2006) deutliche Unterschiede in Anpassung bzw. Entlastung, die mit unterschiedlichem Stresserleben, mit Temperamentsunterschieden und mit unterschiedlichen Bewältigungsstrategien zusammenhingen. Der Einsatz von Probleme lösendem Bewältigungsverhalten zeigte mehr Erfolg als der Ausgleich emotionaler Beunruhigung (BEELMANN 2006; ELBEN/LOHAUS 2003).

Ein Übergang in eine andere Richtung: Eine längsschnittliche Untersuchung verglich 12- bis 14-jährige Schüler, die in Bayern vom Gymnasium auf die Realschule wechselten, und solche, die direkt nach der Grundschule in die Realschule gewechselt waren (PUSCHNER 2010). Sowohl die Qualität der Beziehungen zu den Mitschülern in der neuen Schule als auch die soziale Unterstützung durch die Lehrkräfte waren von großer Bedeutung für einen – auch leistungsmäßig – gut bewältigten Übergang, der als bedeutendes Lebensereignis erfahren wurde.

Der Einfluss der Eltern auf diesen Übergang wurde neben der Perspektive der Schulkinder nur am Rande erwähnt. Diese und die Lehrkräfte sind im Rahmen der jeweiligen institutionellen Rahmenbedingungen der Bundesländer aber wesentliche Akteure bei Entscheidungen über die Bildungslaufbahn der Kinder. Bei den Eltern sind es (a) die kultur- und schichtspezifische Bedeutung schulischer Bildung allgemein und (b) die erwarteten Erfolgsaussichten in Anbetracht der Fähigkeiten ihrer Kinder in den verschiedenen Schultypen, die ihre Wünsche und Entscheidungen hinsichtlich der Schullaufbahn ihrer Kinder bestimmen (SCHAUENBERG 2007). Außer von Informationen, die Eltern über das Schulsystem haben, spielt das rechtlich vorgegebene Gewicht des Elternwunsches bei dieser Entscheidung mit, der z. B. in Hessen ausschlaggebend ist, in Bayern hinter der Empfehlung der Grundschule zurücksteht. Die Schullaufbahnempfehlung von Lehrkräften ihrerseits hängt ebenfalls mit dem sozialen Hintergrund des Elternhauses der Schulkinder zusammen (zusammenfassend KLEINE/BIRNBAUM 2010).

1.1.4 Das ko-konstruktive Wesen der Transition

Das Transitionsmodell kann zum Verständnis dafür beitragen, dass die Bewältigung des Übergangs von der Grundschule zu einer weiterführenden Schule nicht die Kompetenzen des Kindes alleine, sondern ebenso seiner Eltern und der Akteure in Grundschule und weiterführender Schule braucht. Veränderungen auf der Ebene des Einzelnen, der Beziehungen und der veränderten Lebensumwelten müssen in relativ kurzer Zeit verarbeitet werden. Pädagogische Möglichkeiten der Unterstützung eines erfolgreichen Übergangs und damit des Schulerfolges in der weiterführenden Schule bieten sich in der Grundschule, in der Kommunikation und Teilhabe von und mit Eltern und in der Kooperation zwischen abgebender und aufnehmender Schule. Die aufnehmende Schule trägt dann das Ihre dazu bei, dass aus den ehemaligen Grundschulkindern Haupt- bzw. Mittelschüler, Realschüler oder Gymnasiasten werden. In dem Maße, in dem alle Beteiligten sich über die Gestaltung des Übergangs verständigen, wird die Transition zu einem ko-konstruktiven Prozess (GRIEBEL/HIEBL 2010).

1.2 Unterschiedliche Übergänge

Im Bereich Schule finden sich verschiedene Übergänge:
1) der Übergang vom Kindergarten in die Grundschule
2) der Übergang von der Grundschule in die weiterführenden Schulen
3) der Übergang zurück in die ehemals abgebende Schule

Im Folgenden soll nur ganz kurz auf diese drei Übergänge im Allgemeinen eingegangen werden, da Thema dieses Bandes ausschließlich der Übergang von der Grundschule in die weiterführenden Schulen ist. Dieser wird dann in den Kapiteln 2–4 ausführlich behandelt.

1.2.1 Der Übergang vom Kindergarten in die Grundschule

> Der Wechsel vom Kindergarten in die Grundschule ist meist die erste bewusst erlebte Transition im Leben des Kindes. Der Übergang von einer dem Kind vertrauten Umwelt in eine neue Umgebung spielt eine wichtige Rolle bei der Bewältigung neuer Lebenssituationen.
> Da die ersten Jahre für den Start einer erfolgreichen Entwicklung der Persönlichkeit entscheidend sind, kommt diesem Übergang eine besondere Bedeutung zu.
> Im Folgenden werden kurz unterschiedliche Ansätze gezeigt, wie der Übergang vom Kindergarten in die Grundschule gestaltet werden kann.

Kooperation sicherstellen

Mit den Kinderbildungs- und Betreuungsgesetzen (z. B. das BayKiBiG in Bayern) wurde die Kooperation von Kindertageseinrichtung und Grundschule gesetzlich verankert und damit besonders gewichtet. Beide Einrichtungen haben unterschiedliche Bildungsaufträge. Das schließt aber nicht aus, dass tragfähige Konzepte erarbeitet werden, die die Arbeit in beiden Bildungseinrichtungen und damit die betroffenen Kinder fördern.

Prof. Dr. Silvia-Iris Beutel von der Universität Dortmund beschreibt (BEUTEL 2001) die beiden Pole an der Schnittstelle zwischen Kindergarten und Grundschule als „Abschied und Ankommen, dies sind die Entwicklungsaufgaben der Kinder, denen sie sich mit Zuversicht stellen müssen".

Im Einzelnen wird es vor allem um die folgenden Aufgaben gehen:
▸ Klären praktischer und organisatorischer Fragen
▸ Aufbauen einer Kooperationskultur
▸ Herstellen der inhaltlichen Anschlussfähigkeit der Bildungsprozesse
▸ Schaffen von Strukturen, die eine Nachhaltigkeit des Erarbeiteten ermöglichen

Bei allen Aktivitäten ist es unumgänglich, die Eltern konsequent mit einzubeziehen. Bestimmte Eckpunkte sind grundlegend und werden immer unverzichtbar sein.

Beispiel 1: Gemeinsame Treffen von Kindern der Kindertagesstätte und der Grundschule
Diese Treffen haben das Ziel, Hemmschwellen der Vorschulkinder abzubauen, die Vorfreude auf die Schule zu steigern, Informationen über die ersten beiden Grundschuljahre zu geben und von beiden Seiten aufeinander zuzugehen.

Beispiel 2: Projekte zur Stärkung der Kinder
Solche Projekte können unterschiedlicher Natur sein. Je indirekter sie das Problem des Übergangs angehen, umso besser. Dass dies nicht nur Erzieherinnen unterschiedlicher Bildungseinrichtungen schaffen, zeigt der folgende Bericht über ein gemeinsames Projekt mit einem „richtigen" Clown:

> **Fortbildung im Rahmen der Kooperation zwischen Kindergarten und Grundschule:**
> „Philipp Zappel – Alles ist möglich!" Ein interaktives Theaterstück zum Thema Übergang zwischen Kindergarten und Grundschule
>
> Der Würzburger Clown Peter Baumann präsentiert hier ein abwechslungsreiches Theaterstück, bei dem die Kinder durch Frage-Antwort-Spiele und Bewegungsangebote aktiv einbezogen werden. Es hat zum Ziel, Selbstvertrauen aufzubauen und die Kinder in ihren persönlichen Fähigkeiten zu bestärken, Ängste vor neuen Herausforderungen zu nehmen und bei den Vorschulkindern Neugier auf die Schule zu wecken.

Abb. 1

Der Reporter Philipp Zappel hat den Auftrag, einen Artikel über das Abenteuer Schule zu schreiben. Unter anderem erzählt er die Geschichte von den drei Jonglierbällen Rudi, Sonja und Dieter, den Flying Mosquitos. Diese kurze Episode zeigt, dass Träume auf unterschiedliche Weise verwirklicht werden können, denn jeder der drei findet seinen eigenen Weg zum Ziel.
Die Fortbildung fand im Rahmen der Kooperation zwischen Kindergarten und Grundschule statt. Eingeladen waren deshalb insbesondere die Kooperationsbeauftragten der Grundschulen und der Kindergärten oder deren Vertreterinnen sowie Eltern. (Vgl. dazu HTTP://WWW.UEBERGAENGEGESTALTEN.DE 2.01.2011)

🎬 Video: Moskitos.mov

🎬 Video: Moskitos.avi

Es gelang in diesem Projekt, ohne die Kinder den mahnenden Zeigefinger spüren zu lassen, dass jeder ein besonderer Mensch ist und dass bei aller Unterschiedlichkeit für jeden ein Weg offen steht. Auch die Eltern nahmen diese Botschaft mit auf den Weg ihres Kindes vom Kindergarten in die Grundschule.

Weitere Maßnahmen
Wie vielfältig die Bemühungen um eine Optimierung dieses Übergangs sind, dokumentieren die folgenden Beispiele aus der Praxis:

- verbindliche Hospitationstage der Erzieherinnen in Klasse 1/2
- Schulhausrallye Kindergärten – Vorschulgruppe
- Schultütenbasteln → in der Grundschule
- gemeinsame Unterrichtsgänge (Schule – KiGa)
- gemeinsames Liederheft (KiGa-Lieder – 1. Klasse)
- Teilnahme der Erzieherinnen am Einschulungstag
- Besuchstage für Kinder vor der Einschulung
- gemeinsame Wintersporttage
- Patenbesuche in der Kindertagesstätte
- Vorlesebesuche – Sommerfeste
- gemeinsame Projekte in Kunst und Musik → www.uebergaengegestalten.de/525.html

Bei diesen wechselseitigen Aktionen kommt es vor allem auf zwei Gesichtspunkte an:
1) auf den Abbau von Barrieren zwischen den beiden Bildungsbereichen und
2) den Austausch von Informationen, um fachliche Lücken zu schließen.

Das Bemühen, die Betroffenen zu Beteiligten zu machen (personale Komponente) und Informationen auszutauschen (inhaltliche Komponente) wird ergänzt um die Schaffung von Strukturen (strukturelle Komponente), die auch der Nachhaltigkeit des Vorgehens dient.

Kooperationskalender
Die folgende Synopse zeigt, dass Kooperationskalender helfen können, solche Strukturen leichter aufzubauen:

Kooperationskalender Kindergarten – Grundschule Albertshofen

Monat	Aktivität
September	▶ Kirchenbesuch der Vorschulkinder am 1. Schultag ▶ Absprache der Termine für Elternbeiratswahlen/Elternabende mit den Kindergärten ▶ Erstellung einer Namensliste aller Kinder, die in die Mittagsbetreuung gehen (durch die Kindergärten) ▶ Lehrer und Lehrerinnen stehen den Erzieherinnen für Fragen zur Hausaufgabenbewältigung in der Schulkindbetreuung zur Seite. ▶ Einholen der Einverständniserklärung zur Kooperation der Eltern ▶ Schulbeginn mit Anfangsgottesdienst (Erzieherinnen nehmen teil.) ▶ Sprachberatung (Coaching durch eine Sprachberaterin; 14-tägig über ca. zwei Jahre; Erzieherinnen nehmen teil.)
Oktober	▶ Erstes Treffen zum Festlegen der Schuljahrestermine ▶ Planungsgespräch zur Kooperation mit Grundschullehrkräften und Erzieherinnen für das laufende Schul-KiGa-Jahr ▶ Erzieherinnen zu Besuch in der 1. Klasse im Unterricht ▶ Anfang Oktober: 1. Kooperationstreffen im Kindergarten (Festlegen von Terminen, erste Überlegungen zu den Elternabenden in den Kindergärten und zur Schuleinschreibung im März, allgemeiner Austausch) ▶ Ende Oktober: Rückkopplungsgespräch über die einzelnen Schüler
November	▶ Gemeinsamer erster Elternabend in der Schule (ohne Organisatorisches)
Januar–Februar	▶ Besuch der künftigen Erstklasslehrkraft im Kindergarten zur Vorschule (1-mal je KG)
März	▶ Versenden der Einladungen zur Schulanmeldung ▶ Schuleinschreibung: Erzieherinnen nehmen teil ▶ 2. Kooperationstreffen im Kindergarten: Nachbesprechung der Schuleinschreibung ▶ Schulkinder bringen den Vorschülern eine „Aufgabe" aus dem Heimat- und Sachkunde-Unterricht (Frühlingslied, -gedicht)
April	▶ Gemeinsames Durchführen der Schuleinschreibung mit Erzieherinnen/Eltern ▶ Evtl. Test der „unklaren" Kinder
Mai	▶ Einladung der Vorschulkinder zur Monatsfeier ▶ Lehrkraft kommt evtl. zu Abschlussgespräch mit Eltern/Erzieherinnen im Kindergarten dazu ▶ Gemeinsame Aktion der Vorschulkinder beider Kindergärten
Juni	▶ Zweitklässler lesen den Vorschulkindern im Kindergarten vor ▶ 2. Elternabend für Vorschuleltern (Organisatorisches)
Juli	▶ Besuch der Vorschulkinder bei der künftigen Lehrerin im Unterricht ▶ Einladung zur letzten Monatsfeier in der Schule ▶ Anlesen eines ausgewählten Buches in der letzten Juliwoche im Kindergarten – zum Fertiglesen in der ersten Schulwoche

(HTTP://WWW.UEBERGAENGEGESTALTEN.DE 12.02.2011)

> Der Übergang vom Kindergarten in die Grundschule stellt den ersten für die Kinder bewusst erlebten Übergang dar. Er ist unter entwicklungspsychologischen Gesichtspunkten von besonderer Bedeutung. Wie bei allen Übergängen gilt es auch hier, alle Beteiligten möglichst oft und zielgerichtet zusammenzubringen, Informationen auszutauschen und durch strukturelle Maßnahmen für Nachhaltigkeit zu sorgen.

1.2.2 Der Übergang von der Grundschule in die weiterführenden Schulen

Im Verlauf des ersten Grundschuljahres wird der Übergang vom Kindergarten vollzogen sein. Die Bemühungen der Lehrkräfte konzentrieren sich nicht nur auf das allgemeine Verhalten, sondern auch auf Lernverhalten sowie Lernfortschritte und werden getragen von den Anforderungen der Lehrpläne. Spätestens dann, wenn Leistungen auch benotet werden, rückt die Frage in den Mittelpunkt, welche weiterführende Schule besucht werden soll. Dies ist vor allem in jenen Schulsystemen der Fall, die eine vierjährige Grundschulzeit besitzen.

> Dieser Übergang kann sehr unterschiedlich wahrgenommen werden, da die Zielschulen als Alternativen bestimmte Schwerpunkte mit unterschiedlichen Anforderungen darstellen. Er ist andererseits in vielen Punkten prinzipiell gleich, da alle weiterführenden Schulen sich in etlichen Merkmalen von der Grundschule abheben.

Zu den „weiterführenden Schulen" im Anschluss an die Grundschule zählen gemeinhin
▶ die Hauptschule und die Mittelschule,
▶ die Realschule,
▶ das Gymnasium.

Sie vermitteln verschiedene unterschiedliche Bildungsabschlüsse und sind in den einzelnen Bundesländern oft unterschiedlich organisiert. So stellt zum Beispiel die „Mittelschule" in Bayern eine eigenständige Hauptschule oder einen Schulverbund von Hauptschulen mit besonderen Qualifikationsmerkmalen dar (Vgl. dazu HTTP://WWW.MITTELSCHULE.DE 10.03.2011).

Für die Schüler bedeutet der Übergang von der Grundschule in eine weiterführende Schule eine Herausforderung in mehrfacher Hinsicht. Sie verlassen den vertrauten Ort, haben es mit anderen Lehrkräften zu tun, erleben eine andere Struktur (Fachlehrerprinzip statt Klassenlehrer) und müssen sich auch oft von Freunden trennen, die eine andere weiterführende Schule besuchen. Dazu kommt häufig der nicht geringe Druck vonseiten der Eltern, die angesichts der Lebenschancenverteilung, die in unserer Gesellschaft nach ihrer Meinung vornehmlich durch Schulabschlüsse vorgenommen wird, den Übergang in einer „höhere" Schule mit Nachdruck betreiben. Auf der anderen Seite zeigen Umfragen, dass in etlichen Fällen die anfangs geäußerten Befürchtungen von Kindern unbegründet sind und sie sich in kurzer Zeit umstellen, eingewöhnen und rasch wohl fühlen.

Es sind vor allem die folgenden Parameter, die beim Übergang besondere Beachtung verdienen, wobei in vielen Fällen die Ursache der Skepsis nicht in den Erfahrungen älterer Schüler zu suchen ist, sondern mehr durch die Angst vor dem Neuen und Unbekannten bestimmt wird:
▶ Schulweg
▶ Größe der neuen Schule
▶ häufiger Lehrerwechsel
▶ Nachmittagsunterricht
▶ Menge der Hausaufgaben
▶ Freizeit
▶ Schwierigkeiten wegen höheren Niveaus
▶ Notengebung

Unsicherheiten in dem zu erwartenden Schwierigkeitsgrad, der auf die Schüler zukommt, hängen damit zusammen, dass es sehr schwer ist, die unterschiedlichen Schulprofile so zu beschreiben, dass 9- bis 10-Jährige damit etwas anfangen können.

Da mit den Bildungsabschlüssen, die die weiterführenden Schulen vermitteln, auch die Vergabe unterschiedlicher Sozialchancen verbunden ist, besitzt dieser Übergang gerade für die Eltern eine besondere Signalwirkung. Dabei wird vielfach übersehen, dass auch in einem mehrgliedrigen Schulsystem eine nach der 4. Jahrgangsstufe getroffene Wahl keine Einbahnstraße darstellt. Vielfältige Möglichkeiten des Wechsels in höhere Jahrgangsstufen sind die Basis dafür. Das ist auch der Grund, dass in manchen Bundesländern mehr Schüler, die den indirekten Weg wählen, zur Hochschulreife gelangen als diejenigen, die den direkten Weg über das Gymnasium nehmen.

1.2.3 Der Übergang zurück in die ehemals abgebende Schule

Durchlässigkeit eines Schulsystems bedeutet jedoch nicht nur, dass individuelle Wege in ein „höheres" System ermöglicht werden. Die Realität zeigt, dass es für manche Kinder besser ist, zum Beispiel vom Gymnasium in die Realschule oder von der Realschule in die Haupt- bzw. Mittelschule zurückzukehren, um dort einen Weg zu gehen, der ihren Fähigkeiten besser entspricht. Schule hat die Aufgabe, diese Schüler besonders gut zu beobachten und individuell zu fördern. Dabei können sie unterschiedliche Anstrengungen unternehmen, um (neben der Förderung besonders Begabter) den Lernprozess auch der Kinder nachhaltig positiv zu beeinflussen, die manchmal nur vorübergehend an eine Leistungsgrenze stoßen. Somit ergibt sich für die jeweils beteiligten beiden Schularten eine doppelte Aufgabe: Förderung und Eingliederung.

Beispiel: Bemühungen um individuelle Förderung besonders Schwacher am Gymnasium (in Bayern)

Verstärkte Förderung in der 5. Jahrgangsstufe:
- Fachliche Förderung
- Intensivierungsstunden in E, D und M in halber Klassenstärke
- Teilnahme am Projekt „Soft-step" (vgl. HTTP://SOFTSTEP.REGIOMONTANUS-GYMNASIUM.DE (10.05.2011) bzw. http://www.uebergaengegestalten.de/485.html
- Einsatz der Grundschullehrkräfte im Fach Deutsch und Mathematik (Intensivierung)
- Zusätzliche Sprechstunde der Grundschullehrkräfte am Gymnasium
- Kompetenzförderung (technisch, psychologisch)
- Zusätzliches Kompetenztraining in „Lernen lernen", „Tastenschreiben" und durch die Sozialpädagogen: „Bodenkampf" zur Stärkung des Selbstbewusstseins
- Für diese 3 Bereiche 1 Wochenstunde – Fächer wechseln sich ab.
- Förderung der Sozialkompetenz: 3 Tage Schullandheim zu Beginn der 5. Klasse
- Intensive Betreuung während des ganzen Jahres durch Tutoren
- Eigene Veranstaltungen der 5. Klasse (z. B. Weihnachtsabend, Fasching)

Verstärkte Förderung in der 6. Jahrgangsstufe:
- Intensivierungsstunde (halbe Klassen): E, L/F
- Förderstunde M (bei Note 4 und schlechter, verpflichtend)
- Förderung von Sozial- und Technikkompetenzen:
- Projekt „Netzgänger" am Ende der 6. Klasse

Verstärkte Förderung in der 7. Jahrgangsstufe:
- Intensivierungen nach Stundentafeln (halbe Klasse)
- Förderunterricht in M und zweiter Fremdsprache (ab Note 4 und schlechter verpflichtend)

Ähnliches Prinzip bis 10. Klasse durchgehend (mit zusätzlichem Förderangebot in den jeweils neu hinzugekommenen Kernfächern)
In 10. Klasse ab Halbjahr Förderunterricht in D, M, Fremdsprache für Vorbereitung auf die „Besondere Prüfung"

Für Abiturienten:
2 Monate vor Abiturprüfungen: Entspannungs- und Konzentrationsübungen (freiwillig) durch Sozialpädagogen

Zusätzlich:
Spezieller Kurs für Nichtvorrücker auf allen Klassenstufen (z. B. für aktuell sehr gefährdete bzw. bereits feststehende Wiederholer, die wieder gefährdet sind). Man könnte dies von den „regulären" Förderkursen abkoppeln.

StD Klauspeter Schmidt

Hilfen für „Rückkehrer" in den aufnehmenden Schulen

Die folgenden Fragen müssen beantwortet werden, wenn die Rückführung eines Schülers ansteht.

1. Wer kommt zurück?
Die Grundschullehrkräfte kennen möglicherweise die Kinder und Jugendlichen von früher und wissen um deren kognitive, praktische und soziale Fähigkeiten und Vorlieben.

2. Aus welchen Gründen kommt er zurück?
Schwieriger wird es zu eruieren, aus welchem Grund der Schüler zurückkehrt. Deshalb ist es wichtig, sich viel Zeit für ein erstes Gespräch mit den Erziehungsberechtigten und dem Kind zu nehmen.

Je klarer die Ursachen sind, desto leichter kann der Neustart werden.

Je klarer die Ziele herausgearbeitet werden, umso leichter der positive „Rücktritt"!

Eltern und Kinder haben meist das Gefühl, versagt zu haben, gelegentlich weisen sie sich auch wechselseitig Schuld zu. Hier gilt es deutlich zu machen, dass Schuldzuweisungen nicht die Schulleistungen des Kindes verbessern werden. Wichtig ist, das Kind in der richtigen Schule zu einem sicheren und guten Abschluss zu führen.

3. Welche Probleme können entstehen?

Da das Kind nun eine „absteigende" Schullaufbahn hinter sich hat, ist es frustriert, hat es keinen Leistungswillen mehr, sodass es ihm auch schwer fallen kann, sich einzugliedern.

Die Eltern sind enttäuscht, teilweise auch frustriert. Sie haben (zu) hohe Erwartungen an die neue Schule („Es muss sofort alles besser werden!") und weisen andererseits der abgebenden Schule die Schuld am Versagen ihres Kindes zu.

4. Wie kann man diese Probleme verringern oder lösen?

Ausführliche Gespräche mit den Eltern und mit den neuen Schülern sind die Grundlagen. Die Klasse muss auf den neuen Mitschüler vorbereitet werden, die neue Klassenlehrkraft mit ins Boot geholt werden. Tutoren oder Lotsen können dafür gewonnen werden, den Neuling gut aufzunehmen.

Um auch diesen „Übergang" gut zu gestalten, sollte unter Umständen der Kontakt zur vorherigen Schule aufgenommen werden.

1.2.4 Die Durchlässigkeit der Schulsysteme

> Vielfältige Übergänge prägen das Leben der Schüler. Diese Übergänge zu bewältigen ist für die weitere Entwicklung dieser jungen Menschen von großer Bedeutung. Da es nicht immer leicht ist, diese Übergänge zu vollziehen, müssen alle an der Erziehung Beteiligten versuchen, Hilfestellungen zu geben. Dazu ist es u. a. notwendig, das gesamte Schulsystem zu kennen.

Die Durchlässigkeit des gegliederten Schulsystems ist vielfältig. Damit wird der oft vorschnell als „Fehlentscheidung" bezeichnete Wahl einer Schulart etwas von ihrer Unumstößlichkeit genommen. Die Grafik zeigt die Vielfalt eines gegliederten Schulsystems am Beispiel Bayerns:

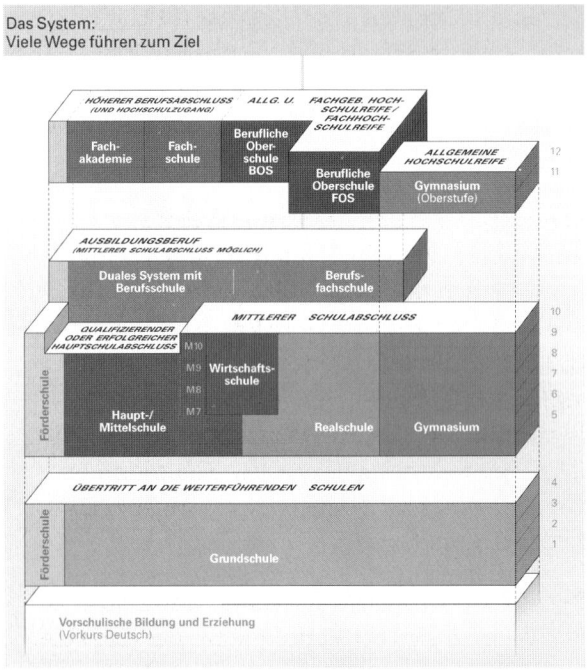

Abb. 2 – Quelle: Bayerisches Staatsministerium für Unterricht und Kultus (entnommen: HTTP://WWW.SCHULBERATUNG.DE 13.04.2011)

> Mit jedem erreichten Abschluss steht der Weg zum nächsthöheren schulischen Ziel offen. Jede weiterführende Schule ermöglicht den mittleren Schulabschluss. Die erste Schulwahl nach der Grundschule bedeutet daher keine abschließende Entscheidung über die schulische Laufbahn des Kindes. Auch ist ein Wechsel zwischen den Schularten später noch möglich.
>
> Die folgenden Bestimmungen für die Jahrgangsstufe 5 einer weiterführenden Schule zeigen die Offenheit in beide Richtungen:
>
> Wird das Klassenziel der Jahrgangsstufe 5 an der besuchten weiterführenden Schulart erreicht und liegt eine entsprechende notenbasierte Schullaufbahnempfehlung für eine andere weiterführende Schulart vor, können die Schüler unmittelbar in die Jahrgangsstufe 5 bzw. 6 der jeweiligen Schulart übertreten (z. B. Übertritt nach Jahrgangsstufe 5 der Realschule in Jahrgangsstufe 6 des Gymnasiums).
>
> Wird das Klassenziel der Jahrgangsstufe 5 an der besuchten weiterführenden Schulart nicht erreicht und liegt eine entsprechende notenbasierte Schullaufbahnempfehlung für eine andere weiterführende Schulart vor, können die Schüler unmittelbar in die Jahrgangsstufe 5 bzw. 6 der jeweiligen Schulart übertreten (z. B. Übertritt nach Jahrgangsstufe 5 der Realschule in Jahrgangsstufe 6 der Haupt-/Mittelschule).
>
> Der „Weg zurück" ist also nicht versperrt. Darüber hinaus gibt es viele andere Möglichkeiten des Übertritts in M-Klassen der Haupt- oder Mittelschule, in die Realschule oder die Wirtschaftsschule.
>
> Nach: Bayerisches Staatsministerium für Unterricht und Kultus (entnommen: HTTP://WWW:SCHULBERATUNG.DE 13.04.2011)

2 Übertritt im Blick

2.1 Rahmenbedingungen und Verfahren

2.1.1 Der rechtliche Rahmen

> Das deutsche Schulsystem sieht nach der Grundschule – in den meisten Bundesländern nach der 4. Klasse – eine institutionelle Schnittstelle vor und damit einen Wechsel der Schulart für alle Kinder. Die jeweiligen Schulgesetze der Bundesländer regeln rechtlich das Übertrittsverfahren nach der Grundschule und schaffen außerdem die notwendige Transparenz und Verlässlichkeit für Schüler, Eltern und Lehrkräfte. Hierdurch werden allen Schülern im Sinne der Bildungsgerechtigkeit die gleichen rechtlichen Rahmenbedingungen des Übertritts gewährt. Dies gilt freilich nicht gleichermaßen auch für die jeweiligen Bildungschancen, wie internationale Leistungsvergleichsstudien (vgl. TIMSS, PISA) deutlich belegen.

Der Übertritt und seine weitreichenden Folgen

Ein gegliedertes Bildungssystem bedingt Übergänge. Im letzten Jahr der Grundschule steht eine Entscheidung über die weitere Schullaufbahn des Kindes an. Diese frühe Entscheidung für eine weiterführende Schulart hat weitreichende Folgen für die Bildungsbiografie eines Kindes (PORTMANN, 1996). Die verschiedenen Schularten erschließen jeweils spezifische berufliche Ausbildungen und sind nicht zuletzt deswegen mit sehr unterschiedlichem gesellschaftlichem Prestige ausgestattet.

Mangelnde prognostische Validität

Bei der Verteilungsgerechtigkeit schulischer Selektionsprozesse zeigen verschiedene Studien Problemfelder auf. So wurde zum Beispiel in Niedersachsen die Prognosesicherheit schulischer Empfehlungen untersucht (SCHUCHART, 2003). Danach erwirbt ein beträchtlicher Teil von Schülern einen höheren Abschluss als ursprünglich von der Schule empfohlen, ein erheblicher Teil von Schülern wird trotz vorhandenen Leistungs- und Entwicklungspotenzials nicht für die entsprechende Schulart empfohlen, obgleich sie diese Potenziale gerade in schulformspezifischen Entwicklungsmilieus entfalten könnten (LEHMANN u. a., 1997). Lehrkräfte orientieren sich bei ihren Empfehlungen an der sozioökonomischen und kulturellen Herkunft der Kinder und reproduzieren ein soziales Ungleichgewicht, das mit Leistungsunterschieden nur schwer zu erklären wäre (LIEGMANN & LUMER, 2004). Schulische Empfehlungen reagieren auch auf schulstrukturelle und regionale Bedingungen und scheinen vom Interesse an der Bestandserhaltung der Schülerzahl der vorhandenen Einrichtungen geleitet zu sein (SCHUCHART, 2003). Die Ambitionen von Eltern werden von Lehrkräften als Belastung für die Kinder wahrgenommen (DÄSCHLER-SEILER, 2004).

Die Notengebung, die für die Empfehlung ausschlaggebend sein soll, ist an sich nicht unproblematisch und beinhaltet zum Beispiel auch Merkmale des Kindes wie positives Selbstbild und das Wohlbefinden in der Klasse (DITTON, 1992; LEHMANN u. a., 1997). Insgesamt ist die Zuverlässigkeit einer Leistungsprognose, die bei der Empfehlung für eine Schulform eine Rolle spielt und die auf das Herstellen einer homogenen Gruppe von Lernern in einer Schulform abzielt, in der Diskussion (LIEGMANN & LUMER, 2004; SCHUHMACHER, 2004).

Schulzuweisung als „Einbahnstraße"?

Ein Wechsel zwischen den Schularten wird relativ selten realisiert und gegebenenfalls eher in absteigender Richtung (AVENARIUS u. a., 2003; BELLENBERG, 1999; LIEGMANN & LUMER, 2004). Bundesweit wechselt nur etwa ein Sechstel der Kinder nach dem Übergang in die 5. Jahrgangsstufe noch einmal die Schulform und von diesen fast 90 % zu einer niedrigeren (BAUMERT u. a., 2003).

Rechtliche Auswahlkriterien für den Übertritt

Besieht man sich die Schulgesetze der einzelnen Bundesländer genauer, so wird darin in Bezug auf die Wahl des schulischen Bildungsweges festgehalten, dass die Entscheidung für eine bestimmte Schulart nach der Grundschule maßgeblich durch „Eignung und Leistung" des Schülers determiniert wird (vgl. z. B. Art. 44 des Bayerischen Gesetzes über das Erziehungs- und Unterrichtswesen) und diese Entscheidung den Erziehungsberechtigten obliegt. Zugleich wird gleichsam als Aufnahmebarriere festgehalten, dass das zuständige Staatsministerium die jeweilige Notengrenze für eine Aufnahme in weiterführende Schulen, die keine Pflichtschulen sind, in seinen Schulordnungen regeln darf. Somit besteht nicht für jeden Schüler gleichermaßen ein Rechtsanspruch auf Aufnahme in eine gewünschte Schulart. Vielmehr sind entsprechende Leistungen oder aber das Bestehen eines Probeunterrichts der aufnehmenden Schule Voraussetzung (Ausnahme: Haupt- bzw. Mittelschule).

Beratung der Erziehungsberechtigten
Damit sich Erziehungsberechtigte ein genaues Bild vom jeweiligen schulischen Profil der weiterführenden Schularten sowie vom Übertrittsverfahren machen können, werden ihnen per Verordnung eingehende Beratungen (i. d. R. durch die Klassenlehrkraft ihres Kindes) angeboten. Darüber hinaus sind an der Grundschule jährlich feste Informationsveranstaltungen durchzuführen. Diese werden in der Regel durch Lehrkräfte der einzelnen weiterführenden Schularten abgehalten, die ihre jeweilige Schulart und das hierbei vorausgesetzte personale Leistungs- und Neigungsprofil für jeden Schüler ausführlich vorstellen. Zudem werden Erziehungsberechtigte darüber informiert, welche weiteren An- und Abschlussmöglichkeiten es im Schulsystem des einzelnen Bundeslandes noch gibt, etwa wenn der Übertritt auf eine angestrebte Schulart aufgrund der derzeitigen Leistungen nicht möglich ist.

2.1.2 Die Übertrittsregelungen

> Am Ende der Grundschulzeit bedarf es einer möglichst guten Einschätzung, welche Schulart die pädagogisch beste Übereinstimmung zwischen den Anforderungen der Schulform einerseits und dem Lernstand sowie dem Leistungsvermögen des Schülers andererseits ermöglichen wird. Alle Länder kommen mit ihren rechtlichen Regelungen der Verpflichtung der Schulen nach, Eltern und Kinder intensiv und kontinuierlich bei der Wahl der Schullaufbahn zu beraten. „Dabei berücksichtigt die Empfehlung der Grundschule nicht nur die Leistungen in Bezug auf die fachlichen Lehrpläne, sondern auch die für den Schulerfolg wichtigen allgemeinen Fähigkeiten" (KMK 2003, S. 7).

Inhalte des Übertrittszeugnisses
Dokumentiert wird der individuelle Leistungsstand des einzelnen Schülers durch ein eigens zu erstellendes Übertrittszeugnis, das die Jahresfortgangsnoten in allen Fächern sowie eine Gesamtdurchschnittsnote in den für den Übertritt relevanten Kernfächern enthält (zumeist sind dies Deutsch, Mathematik, Sachunterricht und ggf. noch die erste Fremdsprache in unterschiedlichen Kombinationen; s. Schaubild auf S. 21).

Ausnahmen gelten hierbei für Schüler mit nichtdeutscher Muttersprache, die nicht bereits seit der ersten Jahrgangsstufe eine deutsche Grundschule besucht haben und schulische Schwächen aufgrund von Problemen der deutschen Sprache aufweisen. Voraussetzung ist hierbei jedoch zugleich, dass diese Schwächen aufholbar scheinen und der Schüler dem auf Deutsch erteilten Unterricht der weiterführenden Schule folgen kann. Zudem wird in diesem Zeugnis eine zusammenfassende Beurteilung zur Übertrittseignung durch die Klassenlehrkraft festgehalten, die auch das Sozial-, Lern- und Arbeitsverhalten des Schülers bewertet. Gültig ist dieses Übertrittszeugnis nur für das jeweils folgende Schuljahr, kann also nicht auf spätere Pflichtschuljahre übertragen werden.

Gemeinsamkeiten und Unterschiede der Bundesländer
Im folgenden Schaubild (auf der nächsten Seite) wird die derzeit gültige Übertrittseignung für die einzelnen Bundesländer festgehalten.

Betrachtet man das Schaubild, so fällt insgesamt auf, dass alle 16 deutschen Bundesländer großen Wert auf die Empfehlung der abgebenden Grundschule legen. Sieben Bundesländer gestehen der abgebenden Schule das Recht zu, die Zugangsberechtigung beim Übertritt selbst zu erteilen. Als Alternative bei Nichterreichen des erforderlichen Notendurchschnitts ergibt sich die Möglichkeit einer Aufnahmeprüfung, die mit einem entsprechenden Ergebnis bestanden werden muss. Neun Bundesländer schließlich räumen den Erziehungsberechtigten das Recht ein, über die Schullaufbahn ihrer Kinder zu entscheiden.

Der Zeitpunkt des Übergangs an die weiterführende Schule ist hierbei ebenfalls unterschiedlich. So findet dieser in 12 Bundesländern bereits nach der 4., ggf. zusätzlich nach der 5. Jahrgangsstufe statt, während vier Bundesländer diesen Übertritt erst nach der 6. Jahrgangsstufe vorsehen (mit der Möglichkeit eines vorgezogenen Übertritts ans Gymnasium bereits nach der 4. Jahrgangsstufe).

Übertrittsverfahren der einzelnen Bundesländer im Überblick
Stand 2011 (zur Aktualisierung vgl. http://www.bildungsserver.de)

Bundesland	Kriterien	Entscheidungsträger	Übertrittszeitpunkt
Baden-Württemberg	Grundschulempfehlung der Klassenkonkurenz, zusätzlich Beratung auf Wunsch der Eltern	▶ Grundschulempfehlung ▶ Elternwille	4. Jgst.
Bayern	Gy: D/Ma/HSU 2,33 oder Probeunterricht RS: D/Ma/HSU 2,66 oder Probeunterricht	▶ Grundschulempfehlung ▶ Elternwille, aber Aufnahmeprüfung muss bestanden werden	4. Jgst. 5. Jgst. Aufnahmeprüfung findet an aufnehmenden Schulen statt
Berlin	Gy: Ø Note aus dem Zeugnis mit bes. Gewichtung der Noten in D, Ma, 1. Fremdsprache, Naturwissenschaften 2,2 oder Elternentscheid RS: Ø Note aus dem Zeugnis mit bes. Gewichtung der Noten in D, Ma, 1. Fremdsprache, Naturwissenschaften 3,2 oder Elternentscheid	▶ Grundschulempfehlung ▶ Elternwille	6. Jgst. vorgezogen auch nach der 4. Jgst. möglich
Brandenburg	Grundschulgutachten; übersteigt die Nachfrage die Aufnahmekapazitäten, so gibt es Auswahlverfahren (nach Grundschulgutachten, Noten, Aufnahmetests)	▶ Grundschulempfehlung ▶ Elternwille	6. Jgst. vorgezogen auch nach der 4. Jgst. möglich
Bremen	Grundschulempfehlung in Verbindung mit einem verbindlichen Elterngespräch; übersteigt die Nachfrage die Aufnahmekapazitäten, so gibt es Auswahlverfahren (nach Grundschulgutachten, Noten, Aufnahmetests)	▶ Grundschulempfehlung ▶ Elternwille	4. Jgst. 6. Jgst. (bei sechsjähriger Grundschule)
Hamburg	Empfehlung der GS, Elternentscheidung nach der 4. Klasse für Stadtteilschule oder Gymnasium	▶ Grundschulempfehlung ▶ Elternwille	4. Jgst.
Hessen	Empfehlung der Klassenkonferenz, Elternberatung	Elternwille	4. Jgst.
Mecklenburg-Vorpommern	Schullaufbahnempfehlung der Orientierungsstufe	Elternwille	6. Jgst.
Niedersachsen	Schullaufbahnempfehlung der Grundschule Elterngespräch	Elternwille	4. Jgst.
Nordrhein-Westfalen	Schullaufbahnempfehlung der Grundschule Elterngespräch	▶ Grundschulempfehlung ▶ Elternwille bei eingeschränkter Eignung	4. Jgst.
Rheinland-Pfalz	Schullaufbahnempfehlung der Grundschule Elterngespräch	Elternwille	4. Jgst.
Saarland	Gy: Empfehlung der GS D/Ma 2,5 Ermessensspielraum der Klassenkonferenz oder Übergangsverfahren (Prüfung)	Empfehlung der Grundschule Bestandene Prüfung	4. Jgst.
Sachsen	Bildungsempfehlung der Lehrerkonferenz Gy: D/Ma 2,5 Aufnahmeprüfung	Empfehlung der Grundschule Bestandene Prüfung	4. Jgst.
Sachsen-Anhalt	Schullaufbahnempfehlung der Grundschule, Eignungsfeststellung, wenn keine Empfehlung vorliegt	Empfehlung der Grundschule Bestandene Prüfung	4. Jgst. 5. Jgst.
Schleswig-Holstein	Schulübergangsempfehlung der Klassenkonferenz Beratung der Eltern an der GS	Empfehlung der Grundschule Elternwille	4. Jgst. 6. Jgst.
Thüringen	Notendurchschnitt aus D/Ma/HSU 2,0 oder Empfehlung der Klassenkonferenz oder Aufnahmeprüfung	Notendurchschnitt aus D/Ma/HSU 2,0 oder Empfehlung der Klassenkonferenz oder Aufnahmeprüfung	4. Jgst.

2.1.3 Schulisches Umfeld

> Mit dem Übertritt auf eine weiterführende Schule werden Kinder aus ihrem gewohnten und vertrauten Schul- und Klassenumfeld herausgerissen, das ihnen vier bzw. sechs Jahre Verhaltenssicherheit und Geborgenheit vermittelte und ein Gefühl der Verlässlichkeit schuf. Sie werden nunmehr mit einer Fülle neuartiger Eindrücke und Umfeldbedingungen konfrontiert, die sich im günstigsten Fall als echte Herausforderung, als Ansporn und Motivationsanreiz erweisen können, im negativen Falle jedoch die personale Entfaltung auch stark zu verunsichern und zu behindern vermögen.

Neuartige Lernumwelt

Mit dem Übergang wechseln Schüler zunächst einmal ihr altes und vertrautes Schulgebäude und Klassenzimmer, das insbesondere in der Grundschule mehrheitlich Lern- und Lebensraum war. Sie tauchen ein in eine neuartige Lernumwelt, die sich oftmals nicht mehr dem herkömmlichen Stil fächerübergreifenden und ganzheitlichen Lernens verschreibt, der gerade durch das Klassenlehrerprinzip der Grundschule ermöglicht wurde. Auch die Unterrichtsformen wenden sich vielfach einer eher lehrerzentrierten Unterrichtsgestaltung zu, die bereits erfahrene Elemente eines geöffneten Unterrichts vermissen lässt. Zudem nehmen Schüler Abschied von vertrauten Ritualen und müssen sich zugleich mit neuen Ritualen des schulischen (Zusammen-)Lebens vertraut machen, sei es in Form neuartiger Begrüßungs- und Klassenregeln, einer veränderten Art des morgendlichen Unterrichtseinstiegs o. Ä.

Neue Mitschüler und Sozialkontakte

Des Weiteren verbindet sich mit der neuen Schule auch ein neuer Kreis an Mitschülern. Viele Freunde aus dem Grundschulbereich, mit denen tägliche Sozialkontakte stattfanden, sind auf einmal durch die unterschiedliche Schulartwahl nicht mehr präsent und werden ersetzt durch eine Vielzahl neuer Mitschüler, deren Einschätzung anfänglich noch schwer fällt. Sukzessive muss aus dieser Menge von Individuen eine neue Klassengemeinschaft entstehen, in der sich neue Sozialkontakte bilden, in der neuartige Sozialerfahrungen gemacht werden. Der Einzelne ist also von einem neuartigen sozialen Umfeld umgeben, das ihn in seiner Personwerdung begleitet, in der eine soziale Klassenhierarchie erst noch „erkämpft" werden muss, in der sich bestimmte soziale Formationen erst noch herausbilden müssen. Auch ein neuer Freundeskreis, der den Schüler in unterrichtlichen Pausenzeiten und darüber hinaus in der nachmittäglichen Freizeitgestaltung begleitet, entsteht hierdurch vielfach.

Die Lehrer

Aber nicht nur der Kreis der Klassenkameraden ist neu. Hinzu kommen auch neue, insbesondere mehr Lehrer als in der Grundschule. Selbst die Schulart Hauptschule mit ihrem Grundsatz des Klassenlehrerprinzips gebietet einem aufgrund persönlicher Fachpräferenzen vielfach pragmatisch praktizierten Fachlehrerprinzip vielfach Vorschub. Über die Zahl an neuen Bezugspersonen hinaus ist es für den einzelnen Schüler oftmals schwierig, dass diese oft mit konträren Vorstellungen an sie herantreten bzw. zu wenig Erziehungs- und Unterrichtskontinuität aufweisen. Was der eine Lehrer verlangt, muss noch lange nicht für den Kollegen gelten, seien es differierende Erziehungsziele und Wertvorstellungen, eine voneinander abweichende Unterrichtsführung, ein unterschiedliches Anspruchsniveau hinsichtlich der geforderten schulischen Leistungen oder auch generell ein verschiedenartiger personaler Umgang mit den einzelnen Schülern und der ganzen Klasse. Dieser „Systemwechsel" erfolgt überdies oftmals im (Unterrichts-)Stundentakt und verlangt den Schülern ein Höchstmaß an Flexibilität und Anpassungsgabe an neuartige unterrichtliche Situationen ab.

Steigende Arbeitsbelastung

Verbunden mit der neuen, weiterführenden Schule ist in der Regel auch eine größere Arbeitsbelastung. Diese resultiert zum einen aus den nunmehr längeren Schultagen mit mehr Unterrichtsstunden, mit einem vielfach erstmalig ins Spiel kommenden Nachmittagsunterricht und einer Hausaufgabenzeit, die nicht mehr den (zeitlich reglementierten) Grundschulerfahrungen entsprechen muss. Hierdurch wird auch die individuelle Freizeit, die Kindern zur eigenen Verfügung steht, zumeist deutlich zurückgedrängt. Zum anderen erfordert eine vermehrte Fächerzahl ein Einarbeiten in neue Lernkontexte, in neue Zugangsformen zur kindlichen bzw. außerschulischen Lebenswelt, die sich zeitlich niederschlägt.

Höhere Selbstständigkeitserwartung

Hiermit verbunden sind insbesondere in Realschule und Gymnasium auch höhere Erwartungen an die eigene Selbstständigkeit. Schüler müssen lernen, ihren eigenen Lernweg zu entwickeln und eine gewisse Zielstrebigkeit im individuellen Wissensaufbau an den Tag zu legen. Die Anforderungen an Konzentration, Ausdauer und Durchhaltevermögen werden forciert und auch ein höheres Arbeitstempo wird zumeist gefordert. Diese erhöhte physische wie auch psychische Belastung hängt nicht zuletzt auch zusammen mit einem Fachlehrerprinzip, bei dem jeder Lehrer ein Maximum an Aufnahmebereitschaft für das eigene Fach verlangt. Phasen der Entspannung und Stille, des methodischen Wechsels und der Berücksichtigung des individuellen Biorhythmus werden seltener.

Gestiegene Erwartungen der Erziehungsberechtigten

In diesem Kontext lassen sich abschließend zumindest für die Realschule und das Gymnasium auch die höheren Erwartungen seitens der Erziehungsberechtigten erwähnen, die diese vielfach mit der neuen Schulart verbinden. Ein langsam sich zum Jugendlichen entwickelnder Schüler wird vielfach mit höheren Lern- und Leistungserwartungen konfrontiert als ein Grundschüler. Gerade Eltern mit hohen Bildungsaspirationen können ihrem Kind so das Leben schwer machen, sei es, weil sie diesen Bildungsgang selbst nicht durchlaufen haben und nunmehr ihrem Kind bessere Berufswege eröffnen wollen oder auch, weil ihnen das eigene Kind mit einem hochwertigen Schulabschluss unbedingt nachfolgen muss. Bei denjenigen Eltern, die die gewählte Schulart für ihr Kind nicht durchlaufen haben, gesellt sich vielfach überdies zu einem Gefühl gesteigerter Erwartungen auch ein Zustand der Unsicherheit und des Nichtwissens über die Regularien der neuen Bildungsinstitution. Kritisches Beäugen und Abwarten statt adäquates Einführen und Unterstützen können eine mögliche Folge sein.

2.2 Die Akteure des Übertritts

Am Übertritt sind verschiedene Akteure beteiligt, vor allem das Kind selbst, die Lehrer der Grundschule und der weiterführenden Schule, aber natürlich auch die Eltern.

2.2.1 Die Rolle des Lehrers an den weiterführenden Schulen

> Im Folgenden werden die Aufgaben einer Lehrkraft an weiterführenden Schulen beschrieben. Im Übergang von der Grundschule zur weiterführenden Schule haben sie die bedeutsame Aufgabe, für die Anschlussfähigkeit von Bildungs- und Erziehungsprozessen zu sorgen. Neben der Rolle des Lernbegleiters im sozialen und fachlichen Bereich müssen die Aufgaben Diagnostizieren, Beurteilen und Beraten umgesetzt werden.

Generelle Aufgaben einer Lehrkraft

Lehrkräfte haben ihrem beruflichen Auftrag zufolge, den der Staat als oberster Dienstherr als Bildungs- und Erziehungsauftrag für die Institution Schule kodifiziert hat, in der heutigen Zeit mehrere berufliche Aufgaben zu erfüllen. Sehr ausführlich hat man sich auf Seiten der deutschen Kultusminister Gedanken über das zukünftige Berufsbild des Lehrers gemacht. Ihrem Selbstverständnis nach weisen die Kultusminister dem Lehrer hierbei folgende Aufgaben zu, in denen sich seine Kompetenz manifestiert:
„Die Kommission betrachtet die gezielte Planung, Organisation, Gestaltung und Reflexion von Lehr-Lern-Prozessen als Kernbereich der Kompetenz von Lehrern. Dieser übergeordneten Aufgabe entsprechen die Kompetenzen *Unterrichten, Erziehen, Diagnostizieren – Beurteilen – Beraten* sowie *berufliche Kompetenz und Schule weiterentwickeln*. Insofern versteht die Kommission Lehrkräfte als Experten für das Lehren und Lernen – wobei dies das *eigene* kontinuierliche Weiterlernen im Beruf mit umfasst. Die berufliche Qualität von Lehrern wird von der Qualität ihres Unterrichts bestimmt." (TERHART 2000, S. 15)

Qualifiziertes Unterrichten als Kern

Im Zentrum dieses Berufsverständnisses steht somit weiterhin die Tätigkeit des Lehrers hinsichtlich einer fach- und sachgerechten Lehre gerade auch an den weiterführenden Schulen. Allerdings wird hierbei ganz wesentlich die unterrichtliche Weiterentwicklung von Schule avisiert, die der Lehrer über sein persönliches Weiterlernen im Beruf zu gewährleisten hat. Es geht darum, die Schüler als aktive, nicht bloß reaktive Individuen beim Aufbau ihres Wissens und ihrer Kompetenzen zu unterstützen. „Dabei kommt es nicht nur darauf an, dass gelernt wird. Ausschlaggebend ist, was und wie gelernt und auf welche Weise über das Gelernte verfügt wird, welche Zeit das Lernen in Anspruch nimmt und inwieweit schließlich das Lernen selbst gelernt wird." (TERHART 2000, S. 47)

Konkret meint dies für die Kommission: „Die Aufgaben von Lehrerinnen und Lehrern beschränken sich … nicht auf die Vermittlung von Fachwissen und die Hilfen zum Kompetenzaufbau, vielmehr gehören die Unterstützung von z. B. fachübergreifendem, problembezogenem und kooperativem Lernen mit zum zentralen Aufgabenbereich. Insofern umfasst Lehren auch das Anregen und Fördern von selbst organisiertem Lernen. Unter Anregung und Unterstützung durch Lehren werden weiterhin soziale (interaktive) Kompetenzen und motivationale Orientierungen oder Einstellungen aufgebaut. Lehren beschränkt sich insofern nicht auf Maßnahmen (z. B. Unterweisung), die direkt an die Schüler adressiert sind. Vielmehr gewinnt das gezielte und längerfristig konzipierte Gestalten von Lernsituationen und -kontexten herausragende Bedeutung. Auf diese Weise stellt Lehren und Lernen in der Schule kognitive, soziale, wertbezogene und motivationale Erfahrungen und Entwicklungsmöglichkeiten bereit." (TERHART 2000, S. 48)

Kompetenzprofil von Lehrkräften
In der ‚GEMEINSAMEN ERKLÄRUNG DES PRÄSIDENTEN DER KULTUSMINISTERKONFERENZ UND DER VORSITZENDEN DER BILDUNGS- UND LEHRERGEWERKSCHAFTEN SOWIE IHRER SPITZENORGANISATIONEN DEUTSCHER GEWERKSCHAFTSBUND DGB und DBB – BEAMTENBUND UND TARIFUNION' vom 5. Oktober 2000 ist explizit die Bedeutung der verschiedenen Wissens- und Persönlichkeitsdimensionen angesprochen, wenn es heißt:
„Die Qualität einer guten Schule und die Wirksamkeit eines guten Unterrichts werden entscheidend durch die professionellen und die menschlichen Fähigkeiten von Lehrern geprägt. Für die berufliche Arbeit sind umfassende fachwissenschaftliche wie auch pädagogisch-didaktische und soziologisch-psychologische Kompetenzen sowie kommunikative und soziale Fähigkeiten erforderlich. Schüler müssen spüren, dass ihre Lehrer „ein Herz" für sie haben, sich für ihre individuellen Lebensbedingungen und Lernmöglichkeiten interessieren und sie entsprechend fördern und motivieren, sie fordern, aber nicht überfordern.
Verantwortung, Bereitschaft und glaubwürdiges Handeln aller Lehrer auch für ein gutes Schulklima und ein partnerschaftliches Schulleben sind dafür förderliche Voraussetzungen. Dafür ist die praktische Zusammenarbeit der Lehrenden erforderlich und notwendig, insbesondere auch bei der glaubwürdigen Vermittlung der Teamfähigkeit bei den Lernenden." (BREMER ERKLÄRUNG 2000, S. 3)

Wissensdimensionen einer Lehrkraft
Das erforderliche Wissen des Lehrers umfasst neben wissenschaftlich fundiertem Faktenwissen auch das Wissen über konkrete Handlungsstrukturen und Anwendungsbedingungen auf der Basis der Fachwissenschaften, Fachdidaktiken, der Erziehungswissenschaft und der Pädagogischen Psychologie. Um dieses bloße Wissen auch situationsadäquat und problembezogen zur Anwendung bringen zu können, müssen Lehrkräfte zudem über ein routiniertes Situations- und Handlungsrepertoire in der je spezifischen Anwendungssituation verfügen, gewonnen aus alltäglicher Erprobung, Reflexion und Übung. Schließlich greift die Kommission als dritte Grundlage auch den Begriff der ‚Lehrerpersönlichkeit' wieder auf, verstanden als relativ stabile Persönlichkeitsmerkmale und unter anderem gekennzeichnet durch „soziales Geschick, Einfühlungsvermögen, Gesprächsbereitschaft, Engagement, Empathie, Geduld und Zuversicht, Aufgeschlossenheit und Frustrationstoleranz" sowie „Minimalstandards eines menschlichen und freundlichen Umgangs, unabhängig von Sympathie oder Antipathie und Tageslaune." (TERHART 2000, S. 56)

> Im Folgenden sollen die besonderen Aufgaben einer Lehrkraft, die nach der Grundschule die Anschlussfähigkeit von Bildungs- und Erziehungsprozessen unterstützen, nochmals im Einzelnen näher erörtert werden.

Unterrichten

Kernbereich: Unterrichten

Unter erziehungswissenschaftlicher Perspektive am bedeutsamsten gilt seit jeher zumeist das Lehren bzw. Unterrichten des Lehrers, was die Vermittlung von Wissen, Kenntnissen, Fähigkeiten und Fertigkeiten kognitiver und psychomotorischer Art ebenso umfasst wie deren Verständnis und gedankliche Verknüpfung. Unterrichten erstreckt sich einerseits auf den kognitiven Bereich, darüber hinaus aber auch auf das emotionale und motivationale Verhalten sowie die soziale und personale Entwicklung der Schüler. Der Lehrer muss hierbei neben der Vermittlung historisch tradierter Bildungsgüter zudem auch auf die aktuell gültigen Normen und Wertvorstellungen der Gesellschaft eingehen, die die individuelle Wirklichkeit der Kinder und Jugendlichen unmittelbar betreffen. Sein Wissen muss offen sein für die Vielfalt der Lebensmuster und Welterfahrungen und eine erziehungs- und gesellschaftswissenschaftliche Komponente beinhalten. Er soll dem Schüler die vielfältigen Erfahrungsbereiche des Lebens nahebringen und ihm durch Ermöglichung von Eigenaktivität dabei helfen, die jeweils nächsthöheren Entwicklungsstufen zu erreichen, wofür er entwicklungsangemessene Lernbedingungen bereitzustellen hat.

Basisbereiche der Wissensvermittlung

Für BRINKMANN muss der Lehrer seinen Schülern zuerst die elementaren Kulturtechniken zur Daseinsbewältigung vermitteln, um dann spezielles Wissen auf die Schüler übertragen und deren Leistungspotenzial fördern zu können. Darüber hinaus muss er Verständnis für die Lehrinhalte ebenso evozieren wie Problembewusstsein, problemlösendes Denken und Kreativität sowie die Fähigkeit zu selbstständigem und nonkonformem Verhalten. Er muss beim Edukanden Lern- und Leistungsmotivation wecken und fördern sowie ihm auch Zusammenhänge klarmachen und seine Transferfähigkeiten entfalten, ihn also durch die Einsicht in Erkenntnisprozesse das Lernen lehren (BRINKMANN 1976, S. 46).

Methodisch-didaktische Kompetenz

Hinsichtlich seiner methodisch-didaktischen Kompetenz sollte es der Lehrer für WOLLENWEBER schaffen,

- „gegebene Lernbedingungen und Lernsituationen zu analysieren und unter Beachtung derselben mit didaktischer Kompetenz die Lehr-Lern-Prozesse zu gestalten,
- Lehr-Lern-Prozesse herausfordernd und mit der Intention größtmöglicher Selbsttätigkeit der Schüler zu initiieren, um ein vielseitiges Interesse zu wecken, gründliches Wissen und Können zu vermitteln sowie Selbstständigkeit zu fördern,
- in der schulischen Arbeit die Vermittlung zwischen konkret Erfahrbarem und theoretisch Erarbeitetem zu leisten, die Balance zwischen Reflexion und Erleben, Selbsttätigkeit und didaktisch strukturierter Einflussnahme zu halten ..." (WOLLENWEBER 1996, S. 270f.)

Auch BÖNSCH spezifiziert das methodisch-didaktische Geschick des Lehrers im Rahmen seiner Klasse, in der er über entsprechenden Einfallsreichtum und ein gehöriges Maß an Engagement verfügen sollte (BÖNSCH 1994, S. 78f.). Er führt hierzu aus:

„Der Lehrer als Innovator ist gefordert, um Lernen interessanter zu machen durch

- Einrichtung einer anregenden Lernumwelt (der Klassenraum als Lernwelt mit vielfältigen Angeboten);
- Organisation einer einladenden Lernzeit (statt parzellierter Stundenfolge zusammenhängende Lernblöcke mit fächerübergreifenden und schülerorientierten Aufgaben);
- Einsatz eines vielfältigen Methodenrepertoires (neben Lehrgängen Projekte, freie Arbeit, Erkundungen, Versammlungen u.a.m.);
- Strukturierung der Schule als einer Lebens-, Lern- und Spielgemeinschaft, in der man sich wohlfühlt, Impulse gewinnt und selbst etwas einbringen möchte (der Gedanke des Schullebens ist wiederzubeleben)." (BÖNSCH 1994, S. 80)

Implikation von „Wissen"

Wenn es auch im Hinblick auf die professionelle Dimension „Wissen" sicherlich zum einen um die fachliche Durchdringung der Phänomene, um das Herstellen von Zusammenhängen zu benachbarten Phänomenen sowie um die vielfältige Vernetzung des eigenen Wissens geht, so gilt es darüber hinaus, dieses Wissen ständig kritisch auf seine Bedeutsamkeit für die derzeitige und zukünftige Lebensgestaltung der Schüler hin (auch unter Zuhilfenahme von Supervisionstechniken und Schülerbefragungen) zu reflektieren (MEYER 1997, S. 38) und sich auch der Grenzen des eigenen Wissens bewusst zu werden. Trotz aller Überzeugung von den eigenen Kompetenzen dürfen professionelle Pädagogen nicht die vielfach komplexen und schwierigen Voraussetzungen, den erforderlichen Aufwand sowie mögliche unangenehme Nebenfolgen ihres Handelns übersehen. Zur Erweiterung der eigenen Wissensbasis sowie zum Aufbau fallspezifischen Wissens muss hierbei neben der individuellen Fortbildung stets auch die kooperative Ebene „durch *kollegiale* und *klientenbezogene Vernetzung*" (ALTRICHTER 2000, S. 157) ihre Berücksichtigung finden.

Gewandeltes Rollenverständnis der Lehrkraft durch die „neue Lernkultur"
Hierbei geht es an den weiterführenden Schulen ganz wesentlich auch darum, an die in der Grundschule vielfach grundgelegte „neue Lernkultur" anzuknüpfen. Ergänzend zur bisherigen Berufsaufgabe besteht die heutige Aufgabe des Lehrers an weiterführenden Schulen auch darin, in einer anregenden, methodisch vielfältigen Lernumwelt Lerngelegenheiten zur Verfügung zu stellen und zu interpretieren, sich also nicht in allen unterrichtlichen Belangen als Experte fühlen zu müssen, sondern durchaus auch Verantwortlichkeiten an (außerschulische) Experten sowie die Schüler selbst abgeben zu können. So viele Schüler wie möglich sollen zu aktiven geistigen Eigentätigkeiten motiviert und in ihrem individuellen Lernprozess unterstützend begleitet werden (FEND 1998, S. 353; GUDJONS 2000, S. 46).
WIATER definiert den Wandel des Selbstverständnisses als den „vom Besitzer des Wissensmonopols zum Anreger und Förderer von Konstruktionsprozessen beim Schüler sowie zum Arrangeur von Lerngelegenheiten und einer Kommunikationsatmosphäre, bei der „echte" Fragen gestellt werden können." (WIATER 1999, S. 86)

Und GUDJONS (1997, S. 200f.) überschreibt die Aspekte der neuen Lehrerrolle, die es im Rahmen offener Unterrichtsformen zu bewältigen gilt, mit:
▶ Anbieten,
▶ Fragen,
▶ Beraten,
▶ Unterstützen,
▶ Anerkennen,
▶ Rückmelden,
▶ Besprechen.

Dies heißt, dass die Materialbeschaffung für den Lehrer zukünftig einen größeren Raum seines Arbeitsvolumens einnimmt als bisher, während er gleichzeitig bei der Vorbereitung so mancher Unterrichtsstunden Zeit einsparen kann. Er soll den Schülern eine Fülle unterschiedlichster Lernanregungen in Form von Literatur, Hilfen fürs Internet, Realgegenständen usw. bieten, für deren Zusammentragen selbstverständlich auch die Schüler ihren Beitrag leisten können, indem sie alles zu einem Unterrichtsthema Gehörende in die Schule mitbringen. Hieraus können dann die Schüler ihre Fragestellungen an einen Unterrichtsgegenstand selbst beantworten, während der Lehrer seinerseits eine den individuellen Lernprozess begleitende und moderierende Rolle erhält. Er gibt den Schülern Tipps und Anregungen beim Begehen ihrer Lösungswege, ohne dem Lernergebnis vorzugreifen, und beantwortet mögliche Fragen. Auch werden die Arbeits- und Lernergebnisse gemeinsam kontrolliert. Wichtig ist am Schluss des Lernvorgangs schließlich die gemeinsame Aussprache und gegenseitige Rückmeldung. Die Schüler stellen sich das selbst erworbene Wissen gegenseitig vor und besprechen ihre Lernerfahrungen, wobei der Lehrer nur in der Weise eingreift, dass er die Vorträge und ihre Darstellung arrangiert und mit Schülern Darstellungstechniken erprobt bzw. möglichen Falschinformationen durch sein eigenes Wissen vorbeugt.

Erneuerung der Methodenkultur
Als zwingende Konsequenz für die Entwicklung des Unterrichts ergibt sich hieraus eine Erneuerung der Methodenkultur. Damit gehen viele aus der Zeit der Reformpädagogik stammende und mittlerweile wieder entdeckte Unterrichtsformen (Projektunterricht, Freiarbeit, Wochenplan und Stationenlernen) einher. Hinzu kommen Methodentrainings und Selbstlernteams, eine Öffnung von Schule und Unterricht (fächerübergreifendes Arbeiten, außerschulische Lernorte), soziale Interaktion und Aktion sowie verschiedenste Angebote integrativen, multikulturellen, medienpädagogischen, Schlüsselprobleme thematisierenden Arbeitens bis hin zu überfachlichem und ganzheitlichem Lernen.

Die neuen Unterrichtstechniken ergehen sich im Forschen und Entdecken anstatt im Dozieren und Memorieren, wodurch auch die Verschiedenartigkeit der Lerngeschwindigkeiten und -begabungen als etwas Reales anerkannt wird, das einen gleichgestalteten Unterricht für alle im selben Lerntempo ausschließt.

Vernetzung und Vertiefung der Lerninhalte
Zudem müssen die Lerngegenstände logisch aufeinander aufbauen bzw. für die Schüler einsichtig miteinander vernetzt sein. Die Schüler müssen er-

kennen, welchen Wert die jeweiligen Lerninhalte für ihre persönliche Entwicklung besitzen. Auch gilt es, die neu erworbenen Lerninhalte dauerhaft zu sichern, zugleich aber auch das kreative und intuitive Lernen der Schüler anzuregen, um ihnen die Bedeutsamkeit schulischer Bildungsinhalte für ihr zukünftiges Lernen und Leben vor Augen zu führen. Es gilt, die Schüler in vielfältigen Organisations- und Aktionsformen zu motivieren und zur Selbsttätigkeit anzuregen. Schließlich müssen Lehrkräfte auch die Qualität ihres eigenen Unterrichts evaluieren und ggf. modifizieren können.

Erziehen

Umsetzung der Erziehungsdimensionen

In engster Verbindung mit der Lehrtätigkeit bzw. aus ihr heraus ergibt sich das „Erziehen" der Schüler. ‚Erziehen' zielt auf die pädagogische Ebene ab und meint, sich über den Unterricht hinaus auf das gesamte Schulumfeld erstreckend, „die absichtsvolle erzieherische Einflussnahme zur Unterstützung der Persönlichkeitsentwicklung." (TERHART 2000, S. 50) Schüler sollen zur persönlichen Entfaltung und Selbstbestimmung sowie zu freiem und verantwortlichem Handeln angeleitet werden, wobei der Lehrer mit der Zeit immer mehr zurücktritt. Er muss vermitteln zwischen individuellen Schülerbedürfnissen sowie gesellschaftlichen Ansprüchen eines freiheitlichen Rechts- und Sozialstaates, indem er beim Schüler neben Kritikfähigkeit und dem Einblick in gesellschaftliche Spannungsfelder zugleich eine Einsicht in notwendige gesellschaftliche Reformprozesse erweckt, die dieser bereitwillig zu unterstützen und sich für sie zu engagieren lernt. „Gleichzeitig brauchen die Kinder klare Regeln, Disziplin und eine erkennbare Unterrichtsstruktur, die ihnen sowohl im Lernprozess als auch im sozialen Miteinander einen notwendigen Handlungs- und Verhaltensrahmen bieten." (EYRAINER/LEOPOLD 2010, S. 9)

Hierdurch entsteht beim Schüler Verantwortungsbereitschaft, die aber nur auf der Basis fachlicher und pädagogischer Kompetenz des Lehrers erworben werden kann. Gerade im Zuge des schulischen Übergangs ergeben sich bei vielen Schülern Unsicherheiten und Ängste im eigenen Identitätsaufbau, die es feinfühlig zu beheben gilt. Handlungssicherheit muss wieder Raum gewinnen.

Intentionale Erziehung als Ziel

Erziehung soll dabei, basierend auf fundierten pädagogisch-psychologischen Kompetenzen, eine intentionale Form annehmen und nichtbeabsichtigte Folgewirkungen reflektieren und so weit wie möglich ausschließen. Der Lehrer muss den Schüler einführen in die Normen und Werte der neuen Schulart im Allgemeinen sowie der Einzelschule im Besonderen. Auch der schonende Aufbau eines harmonischen Klassenklimas und die Integration des Einzelnen in den Klassenkontext gehören hierzu.

Zudem muss Erziehung die sozialisatorischen, also unbeabsichtigten und unbewussten Erziehungseinflüsse wahrnehmen, kritisch reflektieren und ihnen eventuell sogar bewusst entgegenwirken. Das Vorbildverhalten des Lehrers hierfür ist unumgänglich. Es kann jedoch nicht die Aufgabe von Schule bzw. Lehrern sein, elterliche Erziehungsrechte bzw. -pflichten zu übernehmen oder gar sozialpädagogisch und therapeutisch zu wirken. Hier muss es vielmehr Aufgabe des Lehrers sein, ebenso wie auf dem Feld der Beratung mit dafür zuständigen pädagogischen Berufsgruppen zu kooperieren.

„Medien" der Erziehung

Neben den Inhalten des Unterrichts, die Bekanntes ergänzen, aber auch neue Erfahrungsfelder erschließen und somit den Gesamthorizont der Schüler erweitern, sowie seiner methodischen Gestaltung und den Formen der Lernkontrolle wirkt der Lehrer insbesondere auch durch seine eigene Persönlichkeit als Medium erzieherisch, wenn er als Vorbild fungiert. Durch sein Vorbildverhalten erzieht der Lehrer im Sinne sekundärer Sozialisation und vermittelt dem Schüler die expressive Kultur der Gesellschaft, d. h. der gesellschaftlich akzeptierten Werte, Normen, Verhaltensweisen, Einstellungen, Erwartungen sowie affektiven und sozialen Fähigkeiten und Fertigkeiten.

So misst beispielsweise BÖNSCH dem Lehrer durch dessen Vorbildverhalten eine maßgebliche erzieherische Aufgabe bei. Schüler brauchen hierbei zwar nicht eine Führung im eigentlichen Sinne, „aber sie wollen Orientierung, das Beispiel und den, mit dem man sich auseinandersetzen kann, an dem man sich „reiben" kann. Sie wollen Lehrer, die durch ihre Existenz Ideen oder auch nur Ahnungen davon vermitteln können, was Menschsein, Lebensperspektive, Kompromissbereitschaft, aber auch Konflikthärte sein können.

Einsicht in Möglichkeiten menschlicher Existenz gewinnt man am Menschen, nicht in Büchern." Und weiter: „Die Kategorien des Umgangs und der Erfahrung als Kategorien der Erziehung fordern den Erzieher als Person, in seinem ganzen Engagement und nicht nur in der Rolle des Vermittlers von Buchwissen. Wenn wir Schule verstehen wollen als eine Institution, in der man auch lernt, eine Erlebensperspektive zu gewinnen, den Sinn menschlicher Existenz zu verstehen, Einstellungen und Normen für menschlich akzeptable Lebensverhältnisse zu akzeptieren, neben Wissensspeicherung soziales Verhalten zu praktizieren, dann wird der Lehrer als Erzieher wichtig sein." (BÖNSCH 1994, S. 76f.)
Die für eine professionelle Erziehungsarbeit unentbehrlichen Kompetenzen des Lehrers werden hierbei im Allgemeinen umschrieben mit ‚personaler Kompetenz' und dem Begriff der ‚Lehrerpersönlichkeit' (z.B. die hierzu bei MEYER 1997, S. 42 aufgeführten Merkmale professionellen Handelns).

Diagnostizieren, Beurteilen und Beraten

Individuelle Förderung durch adaptiven Unterricht

Der Lehrer an sich und im Speziellen an den weiterführenden Schulen muss neben seinen Hauptaufgaben des Unterrichtens und Erziehens den Leistungsstand und das Leistungsvermögen der Schüler anhand verschiedener Bezugsnormen zunächst erfassen und in einem zweiten Schritt auch beurteilen, um so eine Effektivitätskontrolle der von ihm organisierten und unterstützten Lernprozesse zu gewährleisten und den Schülern die jeweiligen Berechtigungen für ihre weitere Ausbildung bzw. den beruflichen Werdegang zuzuweisen (Allokations- und Selektionsfunktion). Ziel ist also zum einen die adäquate individuelle Förderung des einzelnen Schülers zum Ziel der Leistungsverbesserung und eine daran adaptierte Unterrichtsgestaltung, die für anschlussfähige Inhalte und Methoden sorgt, zum anderen die aus diesen diagnostischen Urteilen resultierende Versetzung der Schüler. Dabei handelt es sich um ein zweischrittiges Vorgehen des Lehrers, das in der Schulrealität freilich vielfach miteinander verflochten ist: „Der erste Schritt ist die Leistungsfeststellung, z.B. die Ermittlung der richtigen vs. falschen Lösungen von Prüfungsaufgaben. Der zweite Schritt ist die Leistungsbewertung, die eigentliche ‚Beurteilung', die entsprechende Vergleichsmaßstäbe erfordert." (HELLER 1984, S. 29) SCHRADER/HELMKE betrachten dies als „integrale(n) Bestandteil der beruflichen Tätigkeit von Lehrkräften." (SCHRADER/HELMKE 2001, S. 45)

Beratung als Aufgabe

Gerade angesichts der mittlerweile äußerst komplexen und hochgradig arbeitsteiligen Gesellschaft gewinnt überdies die Beratungsaufgabe des Lehrers zunehmend an Brisanz. Diese Beratung lässt sich hierbei mit MUTZECK definieren als „eine besondere zwischenmenschliche Interaktionsform, die im Gegensatz zum Alltagsgespräch planvoll, fachkundig und methodisch geschult durchgeführt wird und die auf einer beidseitigen Verbindlichkeit, Verantwortung und auf einem arbeitsfördernden Vertrauensverhältnis beruht. Damit geht Beratung über eine bloße Informationsvermittlung oder eine (fremdbestimmte) Erziehung hinaus." (MUTZECK 1992, S. 16)

Fehler als Lernchance

So sind die im Schüler potenziell vorhandenen Entwicklungs- und Entfaltungsmöglichkeiten sowie eventuelle individuell oder sozial bedingte Lernhemmungen zunächst einer eingehenden Diagnose zu unterwerfen, um hieran weitere beratende und planende Maßnahmen zur je spezifischen Förderung anzuschließen (BRINKMANN 1976, S. 50). Hierzu gehört auch eine neue Sicht des Fehlers, welcher „als notwendige und oft hilfreiche Stufe zum nächsten Lernschritt" (EYRAINER/LEOPOLD 2010, S. 9) verstanden werden soll. Und weiter heißt es bei EYRAINER/LEOPOLD: „Da Lernverhalten immer auch das Ergebnis von Attributionsprozessen (Ursachenzuschreibungen) ist, gilt es gerade in der „Umbruchphase" des Schulwechsels, besonders darauf zu achten, dass das Schulkind sowohl seine Erfolge als auch seine Misserfolge stets als Ergebnis seines Lern- und Arbeitsverhaltens begreift (also als beeinflussbar) und nicht als Folge seiner vorhandenen oder fehlenden Fähigkeiten (also unveränderlich)." (EYRAINER/LEOPOLD 2010, S. 9)

Beratungsfelder

Es gilt, zukünftige Lernhilfen für den Schüler zu durchdenken und ihn darüber hinaus zusammen mit seinen Eltern gleichermaßen differenziert hinsichtlich seines Verhaltens, seiner Erziehung sowie der zukünftigen Schullaufbahn zu beraten

(WIATER 2002, S. 138), um ihn zur erfolgreichen individuellen Lebensgestaltung sowie zur Partizipation an gesellschaftlichen Fragen zu befähigen. „Orientierung, Planung, Auswahl, Entscheidung und Handlung können in unserer schnelllebigen Zeit nicht allein durch in Bildungsprozessen erlernte Wissens- und Handlungskompetenzen gemeistert werden, sondern bedürfen oft rasch zugänglicher Ergänzung und Unterstützung durch Beratung." (MUTZECK 1992, S. 16) Gerade beim Übertritt in eine weiterführende Schule gewinnt diese Aufgabe eine neue Dimension, da die individuellen Leistungsstände der einzelnen Schüler oftmals erheblich differieren und an der aufnehmenden Schule noch keine leistungs- und personenspezifischen Angaben vorliegen, abgesehen von den in den amtlichen Dokumenten (Schülerakten) niedergeschriebenen Einschätzungen.

> Elternarbeit erweist sich für die Lehrkraft so als unabdingbare Voraussetzung für eine erfolgreiche schulische Erneuerung. Als konkrete Kompetenzen sind hierbei gefordert:
> ▶ eine partnerschaftlich geprägte kooperative Grundeinstellung
> ▶ Herstellen eines Grundkonsenses in Erziehungsfragen
> ▶ Transparenz der eigenen Arbeit (Unterrichtsmethoden, Leistungserhebung und Leistungsbewertung, Anforderungsniveau etc.)
> ▶ Beherrschung von Techniken der Gesprächsführung/motivierender Kommunikation (sorgfältig die eigenen Gedanken vorbereiten, Inhalte notieren, Abmachungen und Ziele schriftlich festhalten)
> ▶ Hilfe und Beratung anbieten
> ▶ Anregungen zur häuslichen Unterstützung geben

Grundlagen der Elternarbeit
Elternarbeit bietet so die Möglichkeit, das oftmals inadäquate Erziehungsverhalten mancher Eltern positiv zu beeinflussen. Die wechselseitigen Erwartungen müssen hinreichend thematisiert bzw. geklärt und gemeinsame Zielvorstellungen entwickelt werden. Beide Parteien müssen einander mit Respekt und Anerkennung vor der jeweils anderen Leistung begegnen und sich als Partner in der gemeinsamen Sorge um das Wohl und die bestmögliche Förderung der Schüler gegenseitig akzeptieren. Neben den klassischen Elternsprechstunden bieten sich hier auch Elternabende zu besonderen Themenfeldern, eine Integration einzelner Eltern als Experten in den Unterricht, die regelmäßige Information der Eltern über Klassenbegebenheiten (z. B. monatliche Elternbriefe), das Bereitstellen der notwendigen Ressourcen (z. B. ein Briefkasten für die gewählten Elternvertreter, in den alle Schülereltern bei Bedarf ihre Sorgen und Anliegen einwerfen können und damit zeitnah behandelt wissen), die Einrichtung eines Elterntelefons oder die Benennung einer Vertrauenslehrkraft für Eltern, spezielle Fortbildungsangebote für interessierte Eltern, die unterstützende Organisation von häuslicher oder außerhäuslicher Nachhilfe, gemeinsame Aktivitäten in der Schule usw. an.

2.2.2 Das Kind im Übergang

> Nach systemischer Sichtweise ist jeder Übergang eine Ko-Konstruktion aller Beteiligten. Neben den Eltern und den pädagogischen Fachkräften müssen deshalb vor allem die Kinder und deren Entwicklungsaufgaben auf der individuellen, interaktionalen und kontextuellen Ebene in den Blick genommen werden.

Auswirkungen auf das Kind
Der Übergang in die weiterführende Schule ist für Kinder von weitreichender biografischer Bedeutung hinsichtlich der Ebene von Beziehungen, Lernformen, Verhaltensregeln und Erwartungshorizonten (HACKER, 1988). Neben Risiken implizieren die Übergangssituationen und die damit verknüpften Kontinuitätsbrüche auch die Entwicklung fördernde Potenziale (SCHUMACHER, 2004). Sowohl Belastungen und negative Auswirkungen auf Selbstwertgefühl und Kompetenzüberzeugungen als auch positive Auswirkungen auf Selbstwertgefühl, Kompetenzüberzeugung und psychische Gesundheit wurden bei Kindern im Übergang zu weiterführenden Schulen gefunden (BÜCHNER & KOCH, 2001; internationale Forschung zusammenfassend ELBEN u.a., 2003).

Bewältigungsvoraussetzungen
Die Bildungs- und Erziehungserfahrungen, welche die Kinder in der Grundschule gewonnen haben, müssen sich dabei als tragbares Fundament erweisen, um die neue Lernumwelt an der weiterführenden Schule mit anderen Unterrichtsstrukturen, veränderten Leistungserwartungen und neuen sozialen Anforderungen motiviert angehen

zu können. Die Bewältigung von Übergängen fordert nicht nur die Kompetenz des Kindes, sondern die des ganzen sozialen Systems. Die Anforderungen, denen sich Kinder und Eltern bei der Bewältigung von Übergängen stellen, werden als Entwicklungsaufgaben verstanden.
Sie sind auf drei Ebenen angesiedelt:

Kind	Eltern
Individuelle Ebene (der Einzelne)	
▶ Selbstkonzept optimieren in Bezug auf akademisches (sich in verschiedenen Bereichen als lern- und leistungsfähig beschreiben) und soziales Selbstkonzept (sich als kompetent im Umgang mit anderen sehen) ▶ Basiskompetenzen der emotionalen Entwicklung, Kommunikations- und Kooperationsfähigkeit optimieren ▶ Leseleistung als eine bedeutsame Schlüsselqualifikation beim Übergang in weiterführende Schulen optimieren ▶ Herausforderung (Lernfreude, Neugier, Anstrengungs- und Leistungsbereitschaft) gegenüber Bedrohung (Leistungsangst, soziale Ängste und niedriges Selbstkonzept) hervorheben ▶ Sich am Erfolg statt am Misserfolg orientieren ▶ Angemessene Einstellung zu Anforderung, Unterforderung, Überforderung und Herausforderung entwickeln ▶ Problemlösendes Bewältigungsverhalten gegenüber emotionsregulierendem Bewältigungsverhalten einüben ▶ Sich auf den entsprechenden Übergang einstellen und eine Identität als Schulkind der entsprechenden Schulform entwickeln	▶ Sich mit den eigenen Erwartungen an die Bildung des Kindes auseinandersetzen ▶ Sich mit möglichen langfristigen Perspektiven hinsichtlich der Ausbildung des Kindes auseinandersetzen ▶ Informationen und Kompetenzen für die Auseinandersetzung mit Bildungsprofilen und Bildungszielen der Schularten erwerben ▶ Unsicherheit und Schwellenängste vor unbekannter Schulart überwinden ▶ Schuldgefühle und Ärger bei unerwünschten Bildungsaussichten des Kindes verkraften und Frustration vorbeugen ▶ Mutter bzw. Vater eines Kindes in einem Typ weiterführender Schule zu sein, in die eigene Identität integrieren
Interaktionale Ebene (Beziehungen)	
▶ Sich auf zeitweise veränderte Beziehungen in der Familie (z. B. Leistungsdruck) einstellen ▶ Sich von der Grundschule (z. B. Schulkindern, Lehrkräften, Räumen) verabschieden ▶ Sich auf veränderte Beziehungen in der Schülergruppe einstellen: Bei Wettbewerb und Konkurrenzdruck Freundschaftsnetze erhalten und sich zusätzlich um Freunde bemühen, die in dieselbe Schule wechseln ▶ Miteinander und voneinander lernen können, soziale Netze aufbauen und pflegen	▶ Wohlbefinden und Selbstwertgefühl des Kindes steigern, Sicherheit in der Kind-Eltern-Beziehung vermitteln ▶ Jeweilige Beteiligung des Vaters und der Mutter in der Partnerschaft aushandeln ▶ Mit dem Kind dessen Erwartungen und Möglichkeiten ausloten ▶ Leistungsdruck gegenüber dem Kind und Anspruchshaltung gegenüber Lehrkräften reflektieren

Kind	Eltern
▶ Unter den zahlreichen Lehrpersonen solche finden, denen Vertrauen entgegengebracht und von denen Verständnis erwartet werden kann ▶ Sich auf eine neue Rolle einstellen: Noch mehr Selbstständigkeit im Arbeitsverhalten, größere Unabhängigkeit von Zuwendung durch Lehrkraft, sich auf Lernformen der empfohlenen/gewählten Schulart einstellen ▶ Gemeinsam mit Eltern und Lehrkräften Erwartungen an die weiterführenden Schulen abklären und möglichst gute Informationen sammeln ▶ Sich an Entscheidungen über die Zukunft als Hauptschulkind/Mittelschulkind, Realschulkind, Gymnasiastin/Gymnasiast beteiligen und sich mit dieser Zukunftsoption auseinandersetzen	▶ Soziale Netze mit anderen Eltern bilden über die Grundschule in die weiterführenden Schulen hinein ▶ Sich nicht nur in der Grundschule, sondern auch in der weiterführenden Schule gezielt einbringen und beteiligen ▶ Rolle als Mutter bzw. Vater eines Kindes in einem Typ weiterführender Schule annehmen und weiterentwickeln ▶ Für die Bewältigung eines Übergangs auch hier für das Kind bewusst Vorbild bleiben
Kontextuelle Ebene (Lebensumwelten)	
▶ Einstellen auf Veränderungen der Rahmenbedingungen, die mit Schulwechsel verbunden, wie z. B. größere Schule, größere Klassenstärken, unpersönlichere andere Gestaltung der Klassenräume, mehr ältere Kinder und Jugendliche, anderer Schulweg ▶ Einstellen auf nach Fächern differenzierten Unterricht, mehr Fachlehrer mit weniger Wochenstunden in der Klasse ▶ Bewältigen größerer Anforderungen an Hausaufgaben, größere Bedeutung von Leistungstests und Benotung ▶ Veränderungen in der Didaktik und den Bildungszielen bewältigen	▶ Beteiligung der Schulleitung und Lehrkräften der Sekundarstufe am Übergang annehmen und wertschätzen und diesen gemeinsam gestalten ▶ Eigenen Beitrag am Übergang zur weiterführenden Schule erkennen und leisten ▶ Kompetenzen entwickeln hinsichtlich der Zuweisung des Kindes zur Schulart der weiterführenden Schule: je nach Gegebenheit sich mit eigenem Elternwunsch, Gutachten der Grundschullehrkraft, Aufnahmeprüfung, Probezeit, Förderstufe und Förderplanung, schulärztliche Untersuchung auseinandersetzen ▶ Eigene Erwartungen und Ressourcen angemessen einbringen ▶ Nachhilfeunterricht reflektiert einsetzen ▶ Sich für Bildungschancen und Chancengleichheit des Kindes einsetzen ▶ An der Bildung und Erziehung des Kindes aktiv und verantwortlich beteiligt sein

Tabelle: Entwicklungsaufgaben bei der Transition in die weiterführende Schule für Kinder und Eltern in Anlehnung an GRIEBEL, BERWANGER (2007, S. 41)

> Übergänge sind also nicht nur von den Kindern, sondern auch von deren Eltern zu bewältigen und werden von Lehrkräften begleitet und moderiert.

Zusammenwirken aller Beteiligten

Alle, die an der Erziehung und Bildung der Kinder beteiligt sind, vor allem Eltern und Lehrkräfte, müssen an einem Strang ziehen. Sie sind gemeinsam verantwortlich, für die Anschlussfähigkeit von Entwicklungs- und Lernprozessen zu sorgen. Dabei ist von besonderer Bedeutung, die Entwicklungsaufgaben der Kinder zu kennen und das Selbstkonzept und die Persönlichkeit der Kinder zu fördern.

Viele Kinder freuen sich auf die „neue" Schule, aber es gibt auch die unsicheren und weniger selbstbewussten Kinder, die sich den Erwartungen ihrer Eltern – erfolgreich zu sein – ausgesetzt sehen. Überforderungen sollen vermieden werden und das Kind soll bestmöglich gefordert und gefördert werden.

Vermittlung von Schlüsselkompetenzen

Aufgrund der Fülle des Wissens und des Lernstoffs ist es heute zunehmend wichtig, Schülern nicht nur fachliche Kompetenz zu vermitteln, sondern auch Methoden an die Hand zu geben, mit deren Hilfe sie das Lernen als lebenslangen Prozess umsetzen können.

Zu den zentralen Aufgaben von Erziehung und Unterricht gehört es, Selbstbestimmung, Mitbestimmung und Verantwortung für das eigene Lernen zu fördern. Zunehmend rückt die Vermittlung von Schlüsselkompetenzen in den Mittelpunkt, die in der heutigen Berufs- und Lebenswelt unerlässlich sind. Neben der Vermittlung fachlichen Wissens sind der Aufbau von persönlichen Kompetenzen wie Zuverlässigkeit, Gewissenhaftigkeit, Verantwortungsbereitschaft und Selbstständigkeit sowie soziale Kompetenzen wie Kooperations- und Konfliktfähigkeit zentrale Ziele des Unterrichts.

Mit geeigneten Methoden können für die Schüler Gelegenheiten geschaffen werden, ihre individuellen Fähigkeiten und Stärken zu entwickeln, sich auf die Anforderungen der Lebenswelt vorzubereiten und die dafür erforderlichen Kompetenzen zu erwerben.

Im Hinblick auf die kontinuierliche Methodenförderung ist der Übergang von der Grundschule zur weiterführenden Schule eine Schlüsselstelle.

Eigenverantwortlichkeit und individuelle Lernwege

Ein Schwerpunkt der pädagogischen Arbeit in der Grundschule ist die Vermittlung eigenverantwortlichen, aktiven Lernens der Schüler im Sinne des Konstruktivismus. Die unterschiedlichen Lernvoraussetzungen der Schüler in der Grundschule fordern individuelle Lernwege und benötigen entsprechende Methoden, die dies ermöglichen. Deshalb können Lehrkräfte der weiterführenden Schulen davon ausgehen, dass bei den Grundschülern ein bestimmtes Methodenrepertoire vorhanden ist, an das sie anschließen können. Das Wissen um dieses Repertoire ist Voraussetzung dafür, die Kinder bei ihren vorhandenen Fähigkeiten und Fertigkeiten abzuholen. Zudem gibt es den Schülern in der neuen Lernumgebung Sicherheit, wenn sie vertraute Methoden wiederfinden und anwenden können.

Die positiven Erfahrungen bei der erfolgreichen Bewältigung eines Übergangs stärken das Kind für die nächsten Schritte in seiner Laufbahn, lassen es Kompetenzen für weitere Übergangsbewältigungen erwerben. Sind Strategien für den Umgang mit Veränderungen einmal verinnerlicht, können sie für zukünftige Situationen angewendet und ergänzt werden.

Gemeinsame Aktivität

Der Übergang von der Grundschule in die weiterführende Schule muss daher aktiv pädagogisch gestaltet werden. Eine Zusammenarbeit der Pädagogen und Eltern, die über einzelne Aktionen hinausgeht, hilft, eine Verbindung für die Kinder zu knüpfen und (Bildungs-)Anschlüsse möglich zu machen. Immer dann, wenn die beteiligten Personen sich begegnen, sich kennenlernen und miteinander über Kinder und Inhalte ins Gespräch kommen, gelingt der Übergang zum Wohle der Kinder. Dabei muss die Andersartigkeit der Schularten und dennoch Gemeinsames gesichtet werden.

2.2.3 Die Rolle der Eltern

> Eltern investieren erhebliche Energien, um den Schulerfolg ihrer Kinder sicherzustellen und sind maßgeblich am Bildungserfolg ihrer Kinder beteiligt. Eltern haben bei ihrer Entscheidung das Wohl ihrer Kinder im Blick, denen sie einen angemessenen Ausbildungsplatz wünschen. Zu bedenken ist, dass diese Entscheidungen vor dem Hintergrund eigener Erfahrungen mit Schule getroffen werden. Je mehr Informationen und Beratung Eltern über die Schularten und die damit verbundenen Abschlüsse im Abgleich mit den Leistungen des Kindes bekommen, desto eher können Eltern sich damit auseinandersetzen, ob sich Ihre Erwartungen damit in Einklang bringen lassen.

Eltern als maßgebliche Partner

Den Schülereltern fällt beim Übertritt ihres Kindes in eine weiterführende Schule eine maßgebliche Bedeutung zu, da sie allein schon aufgrund von Artikel 6, Abs. 2 des Grundgesetzes zu „Pflege und Erziehung der Kinder" berechtigt und zuvörderst verpflichtet sind. Sie sind es, die bei den Minderjährigen maßgeblich bei schulischen Angelegenheiten im Sinne des personalen Wohles ihres Kindes mitzuentscheiden haben. So wird denn auch die Zusammenarbeit mit Schülereltern für Schulen und die in ihnen tätigen Lehrkräfte zu einem zunehmend bedeutsameren beruflichen Handlungsfeld. „Eltern sind ein erheblicher Wirkungsfaktor im schulischen Geschehen; sie sind mitverantwortlich für Gelingen oder Misslingen von Schullaufbahnen." (BRENNER 2009, S. 157)

Überhöhte Elternerwartungen

Ihrem Recht, Bildungsentscheidungen für ihr Kind maßgeblich zu beeinflussen, kommen Eltern heutzutage in verstärktem Maße in der Form von Wünschen nach hochwertigen Schulabschlüssen nach. Eltern unterliegen hier vielfach der großen Gefahr, ihre Kinder durch eine Überfülle an Erwartungen und Hoffnungen, die sie in diese hineinprojizieren, zu überfordern und deren Leistungspotential über der Höchstgrenze zu belasten. So lässt sich Untersuchungen (z. B. MAHR-GEORGE 1999, S. 221) zufolge konstatieren, dass Eltern hinsichtlich der Schulartwahl einer weiterführenden Schule immer häufiger zu Realschule und Gymnasium tendieren, während die Hauptschule nur noch eine untergeordnete Funktion spielt. Unter 10 % der Eltern präferieren diese Schulart für ihre Kinder und dies, obwohl die Empfehlung der Grundschullehrkräfte weitaus häufiger ausgesprochen wird. „Quantitativ gesehen scheint von diesem Trend am meisten der Realschulbildungsgang zu profitieren. Denn von den hauptschulempfohlenen Schülern, der hauptsächlichen potenziellen Klientel des Hauptschulbildungsganges, wollen nach Aussagen der Eltern etwa die Hälfte den Realschulabschluss erreichen, ein weiteres Viertel ist sich bezüglich des Abschlusses noch nicht sicher. Aber auch die hohe Attraktivität der Hochschulreife spiegelt sich in den Angaben der Eltern wider. So strebt immerhin etwa ein Viertel der realschulempfohlenen Schülern die Hochschulreife an und die Gruppe der gymnasialempfohlenen Schüler geht fast geschlossen in ein Gymnasium. Auffällig ist auch, dass der elterliche Schulabschlusswunsch für das Kind i.d.R. nicht „unter" dem von der Grundschule empfohlenen liegt." (MAHR-GEORGE 1999, S. 221)

Elternerwartungen in Korrelation zur eigenen Sozialisation

Generell wurde eruiert, dass die Höhe der Schulerwartung in einem hohen Maße mit dem kulturellen Kapital der Herkunftsfamilie korreliert. Eltern mit höherwertigen eigenen Schulabschlüssen erwarten bzw. verlangen diese auch in weitaus häufigerem Maße von ihren Kindern als Eltern mit niedrigeren Schulabschlüssen und setzen dies auch de facto in die Tat um. Umgekehrt sind natürlich auch viele Kinder aus bildungsferneren Familien nur wenig unterstützt und gefördert, was ebenfalls angesichts der neuen Lernumgebung und der sich hieraus ergebenden Implikationen schwierig ist. Weder ein zu viel noch ein zu wenig an Förderung erweisen sich hierbei also als hilfreich.

Konfliktfelder Elternhaus – Schule

Vielfach kommt es dabei „deshalb zu Konflikten, weil die elterlichen Erwartungen und ihr ernst gemeinter Einsatz mit der Gelassenheit, der Ausgebranntheit oder – ausbildungsbedingten – pädagogischen Defiziten der Gymnasiallehrer kollidieren. ... Als weiterer Grund für einen letztendlichen Ausstieg aus der aktiven Mitwirkung am Schulgeschehen wird auch die Befürchtung genannt, dass der elterliche Einsatz ihren eigenen Kindern zum Nachteil gereichen könnte. Insofern stellt sich auch im Bereich Elternmitwirkung beim Übertritt von der Grundschule in das Gymnasium ein Bruch ein, mit der Konsequenz, dass das wertvolle Potenzial, das noch in der Grundschule maßgeblich zum Gelingen einer positiven Schul- und Lernkultur beigetragen hat, im Gymnasium mehr und mehr verloren geht." (SCHUMACHER 2004, S. 163)

Ein dialogisch-partnerschaftliches Erziehungsverhältnis als Desiderat

Zentral bedeutsam ist es angesichts der großen elterlichen Bedeutung somit, die gemeinsame Erziehungsaufgabe von Elternhaus und Schule denn auch zusammen mit den Lehrkräften anzugehen und ein dialogisch-partnerschaftliches Erziehungsverhältnis herzustellen. Um zum einen nicht selbst überfordert zu werden, zum anderen aber auch um Kindern und Jugendlichen feste und miteinander harmonierende Orientierungsmuster zu einem gelingenden Persönlichkeitsaufbau zu bieten, müssen Schule und Elternhäuser aufeinander zugehen und feste Formen der Kooperation institutionalisieren. In einer engen Erziehungspartnerschaft muss die gemeinsame Erziehungs- und Bildungsverantwortung für die Heranwachsenden besser aufeinander abgestimmt werden. Dies betont etwa auch der WISSENSCHAFTLICHE BEIRAT FÜR FAMILIENFRAGEN, wenn er schreibt: „Für Kinder ist es eminent wichtig, dass die Personen, die sich ihre Erziehung teilen, in der grundlegenden Ausrichtung ihres Erziehungsverhaltens übereinstimmen, dass sie ähnliche Ziele verfolgen, konkretes Erziehungsverhalten in ähnlicher Weise begründen und dass sie vieles von dem, was sie Kindern mit auf den Weg geben wollen, in ähnlicher Weise auch selbst vorleben. ... Dabei kann das Verhältnis zwischen Eltern und den außerhalb der Erziehung Beteiligten nur als ein partnerschaftliches verstanden werden, das heißt, es müssen Erziehungspartnerschaften eingegangen und gepflegt werden." (WISSENSCHAFTLICHER BEIRAT FÜR FAMILIENFRAGEN 2005, S. 20) Überhaupt braucht der Lehrer für eine pädagogische legitimierte fruchtbare Arbeit umfassende Kenntnisse über die Lebenssituation seiner Schüler, die er nur über deren Eltern bekommen kann.

Kooperation und Schulzufriedenheit/-erfolg

Auch korreliert eine gegenseitige Unterstützung von Lehrkräften und Eltern positiv mit der Schulzufriedenheit der Kinder (ECCLES 1996) und hilft diesen, Spannungen des Schulalltags besser zu bewältigen. Eine gegenseitige Akzeptanz schlägt sich so in einem Wohlfühlen in der eigenen Klasse nieder (SCHMID/KUNTSCHE/DELGRANDE 2001). Zudem spielt die Zusammenarbeit von Eltern und Schule für den Schulerfolg der Kinder eine Schlüsselrolle, wie eine von der Europäischen Kommission geförderte Studie ergab (SAAD/LEUMER 1997).

Nicht zuletzt haben Eltern auch einen Anspruch auf Information und Rechenschaftslegung der Lehrkraft für einen maßgeblichen Sozialisationsabschnitt im Leben ihrer Kinder. Durch Offenlegung der objektiven schulischen Sozialisationsbedingungen (Einflüsse, Anforderungen und Zwänge), der fachlichen Anforderungen (Lehrpläne etc.) wie auch der Erziehungsstile und der Beziehung der Lehrkräfte zum Schüler kann die Schule hier die nötige Transparenz schaffen.

Probleme und Missverständnisse

Die Arbeit mit Schülereltern generell wird im schulischen Alltag immer wieder durch verschiedene Probleme und Missverständnisse erschwert. Zu den hinderlichen Bedingungen sind so unter anderem zu zählen:

- Angst der Eltern (vor Schullaufbahnentscheidungen der Schule, vor Benachteiligungen des eigenen Kindes bei Artikulation der eigenen Meinung etc.)
- Überhöhtes Anspruchsdenken der Eltern an die Schule (Förderung und Sorge insbesondere für das eigene Kind)
- Unzufriedenheit mit der schulischen Notengebung
- Unterschiedliche Arbeitszeiten und beiderseitige berufliche Belastungen, die ein gemeinsames Zusammentreffen erschweren
- Unzureichende Information der Eltern über die schulischen Leistungsbedingungen bzw. über den Leistungsstand des einzelnen Schülers
- Unterschiedliche Erfahrungshorizonte aufgrund von Bildungsunterschieden zwischen Lehrkräften und Eltern
- Negative Selbsterfahrungen mancher Eltern mit der Schule (eigene Schulzeit)
- Verschiedenartige Erziehungsziele
- Überforderte Finanzen mancher Eltern durch gedankenlose Anschaffungswünsche einzelner Lehrkräfte
- Mangelhafte Fortbildung von Lehrkräften in Bezug auf eine konstruktive Elternarbeit
- Differierende Leistungsansprüche und unterschiedliche Meinungen zu den erforderlichen schulischen Lernformen
- Unpersönlicher Schriftverkehr der Schule mit den Elternhäusern

- Sprachbarrieren (unpassende fachbezogene Wortwahl bzw. Verständigungsprobleme mit ausländischen Schülereltern)
- Überengagierte Eltern
- Beiderseitige Vorurteile (DOPPKE/GISCH 2005, S. 23–27)

Problemursachen

Diese Probleme vermögen oftmals durch die bestehenden Formen der Kooperation nicht zufriedenstellend behoben zu werden. Dies verwundert nicht weiter, wenn man bedenkt, dass die meisten Elternkontakte bei Klassenelternabenden (ein- bis zweimal im Jahr) stattfinden (83 %), gefolgt von Elternsprechtagen (70,1 %; ein- bis zweimal im Jahr) und Sprechstunden (64,9 %; ein- bis zweimal im Jahr). Die häufigsten Kontakte fanden dabei im Allgemeinen mit Eltern von Primarschülern statt (SACHER 2005, S. 2).

Dieser fehlende Umgang miteinander liegt zum einen sicherlich an den Lehrkräften selbst, von denen SACHER mehr als ein Drittel aller Befragten (36,8 %), überwiegend an Gymnasien und Realschulen tätige sowie ältere Lehrkräfte, zu den „Kontaktunwilligen" (SACHER 2005, S. 10) zählt. Dem Gegentypus der „Aufgeschlossenen" rechnet SACHER nur 17,5 % der Lehrkräfte zu, wobei er schlussfolgert: *„Bemerkenswert ist, dass ein ausgesprochen kontaktfreudiger Typ anscheinend nicht existiert. Auch die „Aufgeschlossenen" praktizieren keineswegs alle Kontaktformen regelmäßig oder gar häufig."* (SACHER 2005, S. 11) Ursächlich hier sind überkommene Vorstellungen der Eltern hinsichtlich einer Funktionsteilung zwischen Schule und Elternhaus, wonach sich die Schule vorwiegend um Unterrichtliches zu kümmern hätte, die Erziehungsaufgaben hingegen den Eltern überlassen sollte.

Auch in einer Erhebung AURINs beklagen sich Lehrkräfte darüber, dass ihrer Auffassung nach von Elternseite zu viel mitgeredet wird, Vorurteile, Missverständnisse und Auffassungsunterschiede vorherrschen, der Umgangston oftmals inadäquat ist und sich überdies jeder Siebte von der Zusammenarbeit überfordert fühlt (AURIN 1994, S. 133f.). Und in einer Befragung des Dortmunder Instituts für Schulentwicklungsforschung (KANDERS u.a. 1996, S. 85f.) artikulieren Lehrer harsche Kritik am Verhalten der Eltern, da sie zu einem großen Teil der Meinung sind, Eltern würden ihre Erziehungsprobleme auf die Schule abwälzen, stünden aber ansonsten der Schule gleichgültig gegenüber. Lediglich das Fortkommen ihrer eigenen Kinder sei ihnen wichtig, während sie die pädagogische Arbeit nur unzureichend unterstützten. Umgekehrt erfahren aber auch die Eltern selbst vielfach zu wenig Nutzen aus der Zusammenarbeit mit Lehrkräften (SACHER 2005, S. 6), weshalb sie an eine derartige Kooperation wohl ebenfalls mit Vorurteilen herangehen.

Trotz dieser eher ernüchternden Befunde kommen dennoch beide Seiten nicht umhin, aufgrund der Erziehungspartnerschaft aufeinander zuzugehen und eine Zusammenarbeit anzubieten, um gemeinsame Erziehungsleitlinien für die Kinder zu verfolgen und sich bei ihrer Umsetzung abzustimmen.

Regelmäßige Gespräche und Informationen

Kooperation zwischen Schule und Elternhaus beginnt damit, dass sich Eltern ein genaues Bild von den Bildungsangeboten der weiterführenden Schulen machen. Hierfür ist es neben regelmäßigen Gesprächen mit der Klassenlehrkraft in der Grundschule unumgänglich, auch den Informationsabend der weiterführenden Schulen zum Thema „Übertritt" zu besuchen, sich ein eigenes Meinungsbild von den je spezifischen Eigenarten und personalen Erfordernissen der einzelnen Schularten zu machen und gezielt Fragen hierzu in Bezug auf das eigene Kind zu stellen. Hierdurch lassen sich mögliche Missverständnisse oder unreelle Leistungserwartungen bereits im Voraus mindern bzw. beseitigen.

Gezielte Eltern-Kind-Arbeit

Wesentlich ist es zudem, dass sich Eltern mit ihren Kindern die notwendige freie Zeit nehmen, um mit diesen die schulischen Geschehnisse des Tages sowie mögliche Erwartungen und Ängste für den neuen Tag oder die nächste Woche auch gezielt zu besprechen. „Gespräche direkt nach der Schule oder beim Essen eignen sich dafür nicht. Gerade vor der Nachtruhe ist die beste Zeit für ein Auswerten und Bewerten der zurückliegenden Tagesereignisse und für die Planung des nächsten Tages." (STRUCK 2006, S. 123f.)

Anerkennung der Stärken

Ziel erfolgreicher elterlicher Lernbegleitung muss es sein, die Potenziale des eigenen Kindes, dessen Stärken, Fähigkeiten und auch Schwächen zu erkennen bzw. zu entdecken und adäquat zu fördern. Eltern müssen dessen Anstrengungen als solche wahrnehmen und entsprechend würdigen. Nicht das bloße Leistungsprodukt kann hier der

Vergleichsmaßstab sein, sondern vielmehr die individuelle Leistungsentwicklung des eigenen Kindes, die es behutsam zu begleiten gilt. Personale Identität ist als Prozess der Subjektwerdung zu verstehen, an dessen Ende erst ein wie auch immer fertiges Kompetenzniveau stehen kann.

Kompensation von Schwächen
Umgekehrt ist es ebenso bedeutsam, gemeinsam an den Schwächen zu arbeiten, zuvorderst daran, sie akzeptieren zu können und sie zwar zu verbessern zu versuchen, aber nicht daran zu verzweifeln, wenn sich dies als unrealistisch erweist. Eltern müssen ein echtes Interesse, eine ehrliche Neugier an ihrem Kind aufweisen und es begleiten wollen. Erst auf dieser Grundlage lassen sich auch Möglichkeiten finden, den Erziehungsprozess zu optimieren.
Zusammenfassend heißt es hierzu bei EYRAINER/LEOPOLD: „Das Bildungsinteresse und die Interessenvielfalt der Eltern haben Vorbildwirkung für die Kinder:

▶ Ausdauer und ein angemessenes Anspruchsniveau der Erwachsenen erzeugen ein prägendes Modellverhalten.
▶ Ein Erziehungsstil, der Selbstständigkeit fördert, ebnet den Weg zu einem Gefühl der Selbstwirksamkeit, d. h. der Überzeugung, Aufgaben aktiv angehen und bewältigen zu können.
▶ Eine anregende häusliche Umgebung, die herausfordert, aber nicht überfordert, unterstützt die Entwicklung von Neugierverhalten und Interesse.
▶ Eine wertschätzende, unterstützende Haltung gegenüber einem Lernen durch ‚trial and error' erzeugt die unabdingliche Lernatmosphäre ohne Angst, die lustvolles Experimentieren, Neugierde und Freude am Lernen möglich macht." (EYRAINER/LEOPOLD 2010, S. 9)

3 Übergänge vorbereiten und begleiten

3.1 Leistungsstand und Benotung

3.1.1 Grundlagen/Gesetzliche Vorgaben

> Lehrer sind grundsätzlich verpflichtet, die Leistungen der Schüler zu erheben. Dies ist Grundlage für die Feststellung des aktuellen Leistungsstandes ebenso wie für die weitere Förderung des Schülers. In der letzten Grundschuljahrgangsstufe entscheiden die Noten über die weitere schulische Laufbahn. Sie dienen als Beratungsgrundlage und entscheiden größtenteils, welche Schulart(en) das Kind ohne, evtl. auch mit Aufnahmeprüfung, im darauffolgenden Schuljahr überhaupt besuchen darf. Deshalb spielt die Leistungserhebung in dieser Jahrgangsstufe eine ganz besondere Rolle.

Bei der Bewertung von Leistung können verschiedene Maßstäbe zugrunde gelegt werden:
- **individueller Maßstab:** Hier wird bewertet, was das Kind dazugelernt hat. Ein Vergleich mit dem Leistungsniveau der Mitschüler findet nicht statt.
- **anforderungsbezogener Maßstab:** Die erreichten Unterrichtsziele werden hierbei bewertet, der individuelle Leistungsfortschritt bleibt unbeachtet.
- **sozial vergleichender Maßstab:** Die Klasse dient als Vergleichsgruppe. Dieser Vergleich kann durch die unterschiedliche Zusammensetzung der Klasse mit leistungsstarken oder leistungsschwachen Schülern sehr verfälscht werden.

(nach: GRUNDSCHULVERBAND 2006, S. 9)

Um eine bessere **Vergleichbarkeit** zu erreichen, beschloss die KMK 1968, Leistungen mit Bezug auf definierte Ziele/Anforderungen (anforderungsbezogener Maßstab) zu bewerten.

Weiterhin legte die KMK die genaue Definition der Noten fest, die von allen Ländern übernommen wurde.

Bei der Erfassung des Leistungsstands muss die Beeinflussung der Leistung durch äußere Faktoren (z. B. Art der Aufgabenstellung, Bearbeitungszeit, formale Bedingungen ...) und durch den Schüler direkt (Ängste, Tagesstimmung bzw. körperliche Verfassung, Leseschwäche, Arbeitsweise ...) möglichst gering gehalten werden. Die gesetzlichen Vorschriften zur Leistungserhebung bei Kindern mit besonderem Förderbedarf (Lese-Rechtschreibschwäche, Legasthenie, sonderpädagogischer Förderbedarf, Migrationshintergrund) sind dabei zu beachten.

Über alle Leistungserhebungen führt der Lehrer schriftliche Aufzeichnungen. So hat er nicht nur für sich eine gute Bewertungs- und Beratungsgrundlage, sondern kann den Eltern auch die Notenentstehung und -entwicklung plausibel aufzeigen.

3.1.2 Die Rolle der Leistungen bei der Übertrittsberatung

> Für Bundesländer mit einem leistungsorientierten Aufnahmeverfahren gilt: Ausschlaggebend für den Übertritt auf weiterführende Schulen sind primär die Noten in den Kernfächern Deutsch, Mathematik und Sachunterricht. Bei der Beratung spielen jedoch auch das Arbeits- und Lernverhalten und die emotionale Stabilität des Kindes eine wichtige Rolle.

Die „passenden Noten" alleine garantieren noch keinen Erfolg. Von daher muss das Kind von möglichst vielen Seiten betrachtet werden, die Beobachtungen müssen bei der Schulwahl berücksichtigt werden.

Mündliche Leistungen
Um mündliche Leistungen möglichst gerecht zu benoten, werden die Beurteilungskriterien vorher festgelegt und dem Schüler bekannt gegeben. Auch müssen die äußeren Störeinflüsse möglichst gering gehalten werden.

Mündliche Noten können erstellt werden durch die Wiederholung des Unterrichtsstoffes, die Erklärung von Versuchen und Skizzen, das Vergleichen von Sachverhalten, die Erklärung von Fachbegriffen, Verallgemeinern, etc. Dazu können Referate treten, die Präsentation von Gruppenergebnissen, Lerngespräche, allgemeine Beiträge zum Unterricht. Die nötigen Schlüsselqualifikationen müssen in der Schule vor der Bewertung eingeführt und gründlich geübt werden.
(nach STAATSINSTITUT 2007, S. 95)

Praktische Leistungen
Hierzu zählen u. a. Arbeitstechniken, wie z. B. der Umgang mit Lineal, Geodreieck und Zirkel,

Versuchsdurchführungen ebenso wie das Nachschlagen im Wörterbuch oder im Lexikon. Besondere Gewichtung erhalten diese Leistungen in den musischen Fächern; sie sind aber auch in den Kernfächern, wie z. B. Mathematik oder Heimat- und Sachkunde, zu beachten und zu erheben.

Als Kriterien dienen hier u. a. Genauigkeit, Sorgfältigkeit und das Arbeitstempo. Ebenso wie bei der mündlichen Leistungserhebung müssen auch hier die Beurteilungskriterien genau formuliert und den Schülern bekannt sein.

Schriftliche Leistungen

Schriftliche Leistungen werden gezeigt u. a. bei Prüfungsarbeiten, Aufsätzen und schriftlichen Ausführungen zu Versuchen oder Unterrichtsinhalten oder im Rahmen von Ausarbeitungen zu Referaten bzw. Projekten.

Aussagekräftig sind Beobachtungen und Aufzeichnungen über das Arbeitsverhalten der Schüler während schriftlicher Prüfungsarbeiten.

Arbeits- und Lernverhalten

Eine objektive Bewertung des Arbeits- und Lernverhaltens ist in Noten nicht möglich. Die Beobachtungen dazu dienen der Lehrkraft für Gespräche mit dem Schüler und seinen Eltern. Sie sind eine wichtige Beratungsgrundlage für den Übertritt.

Kinder können mit zunehmendem Alter ihr Verhalten beim Arbeiten und Lernen zum Teil selbst einschätzen. Sie sollten dahin geleitet werden, ihr eigenes Tun kritisch zu reflektieren. In gemeinsamen Gesprächen von Schüler und Lehrer werden Übereinstimmungen oder Abweichungen besprochen und Entwicklungsfelder aufgezeigt.

Für das Aufzeigen der Entwicklung von Lernstrategien bzw. seinen Lernwegen bekommt der Schüler nicht nur bei Prüfungsarbeiten immer wieder die Möglichkeit, eigene Lösungswege aufzuzeigen und Argumente zu notieren. Bei Aufsätzen kann z. B. die Entwicklung vom Entwurf zum Endprodukt bei der Benotung mit einbezogen werden.

Weitere Felder der Leistungsbewertung

Auch von gemeinsamen Projekten oder Portfolios sollte eine Leistungsbewertung stattfinden.

Bei **Projekten** kann ähnlich der Projektprüfung der bayerischen Mittelschulen die Planung und Umsetzung einer Aufgabe bewertet werden. In die Gesamtnote fließen u. a. die Aspekte Teamarbeit, die Umsetzung von bereits erlernten Arbeitstechniken, die Präsentation und das Gesamtergebnis ein. Sinnvoll ist es dabei, von den Schülern eine Arbeitsmappe erstellen zu lassen, die Planungsunterlagen, Entwürfe, Ergebnisse und auch einen Selbstbewertungsbogen beinhaltet. Diese kann dann auch Teil der Bewertung sein.

Bei einem **Portfolio** sammeln Schüler Materialien zu einem bestimmten Thema. Sie können möglichst viele Produkte in das Portfolio legen (Arbeitsportfolio) oder aber eine Auswahl treffen, die dann bewertet werden (Beurteilungsportfolio). Als Materialien zählen Arbeitsergebnisse, Planungs- und Selbsteinschätzungsbögen, aber auch schriftliche Lehrerkommentare. Die Beurteilungskriterien müssen die Schüler kennen. Bei der Leistungsmessung können auch Mitschüler und der Schüler selbst einbezogen werden. Am Ende einer Portfolioarbeit steht die Präsentation der Arbeiten vor den Eltern oder anderen Klassen.

Wie wird Leistung bewertet?

Eine Leistung sollte stets möglichst objektiv erhoben werden. Dies wird durch standardisierte Tests (z. B. Vergleichsarbeiten, Orientierungsarbeiten) versucht. Sie sollen garantieren, dass andere Prüfer bei der Bewertung der gleichen Arbeit zum gleichen Ergebnis kommen, die wahre Leistung des Schülers gezeigt wird und der Test auch genau das abfragt, was gezeigt werden soll. Es ist nicht möglich und auch nicht sinnvoll, Noten im Schulalltag nur durch standardisierte Tests zu erhalten. Deshalb erfolgt eine subjektive Leistungserhebung in Form von mündlichen Abfragen, Prüfungsarbeiten etc.

Um trotzdem möglichst fair zu beurteilen, ist es wichtig, dass sich der Lehrer bei der Notengebung bewusst ist, welche Auswirkungen Abläufe, Störungen, Auswertungen und Interpretationen auf die Leistungserhebung haben. Schon durch Zusammenarbeit mit Parallelklassen, einen schuleinheitlichen Punkteschlüssel und das Berücksichtigen der Kompetenzstufen bei der Erstellung von Prüfungsarbeiten kann die Objektivität erhöht werden.

Grundsätze zur Leistungsbewertung

Beurteilung sollte möglichst von äußeren Umständen (z. B. von der Tageszeit) unabhängig sein. Dies ist in der Schule auch bei standardisierten Tests nicht möglich. Da Leistungen der Schüler situationsabhängig sind, müssen mehrere Leistungsnachweise erhoben werden und diese –

wenn machbar – in unterschiedlichen Aufgabenformen und zu unterschiedlichen Zeitpunkten.

Bei der Auswahl der Prüfungsinhalte wird der behandelte Unterrichtsstoff bestimmend sein. Was ausführlich besprochen wurde, sollte auch in der Prüfungsarbeit entsprechend umfangreich abgefragt werden.

Stehen die abzufragenden Inhalte fest, müssen diese in klaren Fragestellungen abgefragt werden. Sowohl für den Schüler als auch für den Lehrer muss deutlich sein, was genau gefragt ist. Die Frage selbst muss altersgemäß formuliert sein. Die Aufgabenformen können abwechseln, der Lehrer muss sich aber bewusst sein, dass evtl. weitere Kompetenzen zur Lösung nötig sind und somit die Aussagekraft der erbrachten Leistung verfälschen können.

Bei der Zusammenstellung der Fragen müssen weiterhin folgende Aspekte berücksichtigt werden:
▶ Anzahl der Fragen (Prüfungsdauer)
▶ Berücksichtigung der Kompetenzstufen
▶ Anordnung der Aufgaben von leicht nach schwer
▶ Benötigung evtl. Hilfsmittel (Lineal, Zirkel, Wörterbuch etc.) zur Aufgabenlösung

Bevor die Prüfungsarbeit verwendet wird, sollte der Lehrer eine Musterlösung erstellen. So kann er evtl. Probleme bei der Beantwortung/Lösung der Aufgaben bzw. der Bepunktung noch ausbessern. Weiterhin ist ein Punkte-Noten-Schlüssel zu erstellen. Um eine Transparenz bei der Beurteilung zu wahren, sollte am besten dazu auf eine schuleinheitliche Bewertungsskala zurückgegriffen werden.

Prüfungsarbeiten werden über das ganze Schuljahr sinnvoll verteilt. Dabei können, wie es z. B. in Bayern seit dem Schuljahr 2009/10 Pflicht in der 4. Jahrgangsstufe ist, prüfungsfreie Zeiten als Lernphasen ausgewiesen werden. In dieser Zeit kann sich der Schüler auf das allgemeine Wiederholen des Unterrichtsstoffes konzentrieren, ohne eine „Prüfungsarbeit" befürchten zu müssen. Damit sich die Schüler besser auf die Prüfungsarbeiten einstellen und ihre Lernphasen sinnvoll planen können, müssen in Bayern die Prüfungsarbeiten mit dem genauen Durchführungstag mindestens eine Woche vorher bekanntgegeben werden.

Die ungefähre Anzahl der schriftlichen Leistungsnachweise in den Kernfächern bis zum Übertrittszeugnis sollte die Jahrgangsstufenkonferenz zu Schuljahresbeginn festlegen. Das bayrische Kultusministerium gibt als Richtzahl 12 Leistungsnachweise in Deutsch, 5 in Mathematik und 5 in Heimat- und Sachunterricht vor. Durch diese Vorgabe werden mehr schriftliche Leistungen erbracht. Die Noten werden aussagekräftiger, eine „schief gelaufene" Prüfungsarbeit fällt nun weniger ins Gewicht.

In Bayern sind z. B. insgesamt vier Wochen vorgeschrieben, in denen in den Kernfächern keine Proben (Prüfungsarbeiten) geschrieben werden dürfen. Die Aufteilung der Wochen ist den Schulen überlassen. Diese Ausweisung wird sehr unterschiedlich gehandhabt. Es gibt Phasen, in denen überhaupt keine Prüfungsarbeiten geschrieben werden (so z. B. jeweils eine Woche nach den Ferien) oder auch Zeiten, in denen jeweils nur in einem Fach keine schriftlichen Leistungsnachweise erfolgen.

Die Erfahrungen und Meinungen dazu sind unterschiedlich. Lehrer vermissen den Spielraum oder klagen z. B. über Schwierigkeiten, Prüfungsarbeiten in Nebenfächern noch unterzubekommen und müssen Prüfungsarbeiten dann schreiben, wenn keine zwei Hauptfach-Prüfungsarbeiten eingetragen sind, anstatt zu einem Zeitpunkt, an dem es vom Stoff her sinnvoll ist.

Für das Ankündigen von Prüfungsarbeiten spricht, dass
▶ Eltern gezielter/besser mit den Kindern die Prüfungsarbeiten vorbereiten können (das machen allerdings nur die engagierten Eltern),
▶ dieses Vorgehen in weiterführenden Schulen so üblich ist,
▶ die Zeiteinteilung zum Lernen besser ist und Kinder ruhiger an die Arbeit herangehen können,
▶ die Schüler wissen, was sie an dem Tag erwartet,
▶ Eltern in der Leistungserhebung und -beurteilung mehr Transparenz empfinden.

Ebenso sind Eltern/Lehrer der Meinung, dass durch den erhöhten Lernstress eine bessere Vorbereitung aufs Gymnasium stattfinde.

Gegen das Ankündigen von Prüfungsarbeiten spricht, dass
▶ sich Eltern ziemlich in die Pflicht genommen fühlen,
▶ Schüler und Eltern sich teilweise verrückt machen, weil sie wissen, dass am nächsten Tag eine Probe kommt (teilweise schlafen die

Schüler nicht vor dem Termin oder kommen mit Bauchschmerzen in die Schule),
- teilweise Schüler nicht mehr konsequent mitlernen, da ja bekannt ist, wann die Probe kommt, und sie der Meinung sind, die Lernzeit sei auch kurz vorher noch ausreichend,
- Lehrer sich gezwungen fühlen, die Prüfungsarbeit zum angekündigten Termin zu schreiben, anstatt noch weiter zu üben, wenn sie der Meinung sind, dass der Lernstoff noch nicht richtig sitze,
- sich der Lernstress verstärkt,
- schlechte Schüler nicht zusätzlich mit Eltern geübt haben und somit eine ungünstigere Voraussetzung haben als ihre Mitschüler.

Die Beobachtungen, wie ein Kind mit diesen Vorgaben umgeht, sollten unbedingt in die Beratungsgespräche für den Übertritt mit einfließen.

Bei nichtschriftlichen Leistungen sind den Schülern die Beurteilungskriterien oft nicht präsent, da sie diese nicht wie in der Prüfungsarbeit schriftlich ausformuliert nachlesen und deren Berücksichtigung überprüfen können. Deshalb ist es sehr wichtig, den Schülern vor der Aufgabenstellung bzw. der Leistungsbewertung die Kriterien zu verdeutlichen. Dies kann z. B. bei einem Gedichtvortrag bei der Hausaufgabenstellung geschehen (z. B. „Übe das Gedicht, bis du es auswendig und mit Betonung vorlesen kannst."). Bei Referaten oder Portfolios werden die geforderten Inhalte vorher erarbeitet und gemeinsam besprochen, wie die Benotung zustande kommt. Die Schüler müssen vor dem Referat oder dem Anlegen eines Portfolios die Ziele und Kriterien kennen, da sie sich ja daran orientieren müssen, wenn sie ihre Arbeit erstellen bzw. eine Auswahl an Dokumenten für das Portfolio zusammenstellen. Zu berücksichtigen ist bei der Bewertung auf jeden Fall, ob die Arbeit größtenteils zu Hause (evtl. Mitarbeit der Eltern/Geschwister) oder in der Schule (reine Schülerleistung) erstellt wurde.

Beispiel für die Bewertung eines Portfolios
- Zusätzliche Quantität und/
  oder Qualität   = Note 1 oder 2
- Arbeit erfüllt voll
  die Minimalanforderung   = Note 3
- Arbeit entspricht gerade noch
  der Minimalanforderung   = Note 4
- Arbeit liegt unter
  der Minimalanforderung   = Note 5 oder 6

Ist es in Bezug auf Klassenstärke und Beratungsbedarf möglich, sollten regelmäßige Lerngespräche zwischen Lehrer und Schüler stattfinden. Dies kann auch während der normalen Lehrersprechstunde sein, allerdings erfolgt in diesem Fall die Beratung nicht mit Eltern. Durch die regelmäßige Rückmeldung über den Leistungsstand an die Schüler können diese zu einer besseren Einschätzung ihrer Leistungsfähigkeit gelangen. Konkretes Arbeiten an individuellen Problemen ist besser möglich, es können Vereinbarungen/Vorhaben (z. B. „Die nächste(n) Woche(n) nimmst du dir besonders die Rechtschreibung/Beschreibung von Versuchen/deutliches Sprechen, … vor.") getroffen und evtl. schriftlich fixiert werden. Durch die persönliche Rückmeldung durch den Lehrer und die geforderte Selbsteinschätzung der Schüler durch Eigenreflexion werden Schwächen und Stärken besser erkannt. Somit ist es möglich, auch das Kind selbst viel bewusster in die Überlegungen zur Schulwahl einzubeziehen.

3.1.3 Prüfungsarbeiten – Aufbau/Anforderungsstufen

1970 veröffentlichte der Deutsche Bildungsrat Anforderungsstufen an Prüfungsarbeiten mit dem Ziel, nicht nur reines Wissen abzufragen, sondern auch die Denkleistungen der Schüler einzubeziehen.

I Reproduktion	Der Schüler bearbeitet Sach- und Wissensfragen, die genauso im Unterricht behandelt wurden. Verlangt wird die einfache Wiedergabe von Daten, Namen, Begriffen, Sachzusammenhängen und zusammengefassten Informationen aus dem Gedächtnis.
II Reorganisation	Der Schüler verarbeitet den gelernten Stoff selbstständig. Dabei ist er in der Lage Kürzungen, Ergänzungen, Vergleiche und Akzentuierungen vorzunehmen. Hier wird die selbstständige Anordnung und Gliederung von Gelerntem auf eine entsprechende Zielfrage hin erwartet.

ÜBERGÄNGE VORBEREITEN UND BEGLEITEN

III Transfer	Der Schüler überträgt Grundprinzipien des Gelernten auf neue, wenn auch ähnliche Aufgabenstellungen. Transfer erfordert die Anwendung und Übertragung prinzipieller Erkenntnisse aus einem Lernvorgang auf Sachverhalte, die von denselben Erkenntnissen her erschlossen werden können. Es ist oft schwierig, Reorganisation und Transfer auseinanderzuhalten, da sich die erwarteten Leistungen zweifellos überschneiden.
IV Problemlösendes Denken	Der Schüler löst auf der Basis des gelernten Stoffes in kreativer Weise Aufgaben mit relativ neuen Strukturen. Es ist eine selbstständige schöpferische Leistung zu erbringen, indem in vorgegebenen problemhaltigen Sachverhalten das Problem erkannt und formuliert sowie mithilfe selbst arrangierter Strategien und Methoden gelöst wird.

Aus diesen Anforderungsstufen ergibt sich die 1968 von der Kultusministerkonferenz vereinbarte Notenverteilung.

Standards und Kompetenzen – Kompetenzmodelle

Am Ende der vierten Jahrgangsstufe sollen die Schüler die in der KMK 2004 festgelegten Bildungsstandards beherrschen. Diese Standards beschreiben, was Kinder zu einem bestimmten Zeitpunkt wissen bzw. können sollen und gelten für alle Bundesländer. (Vgl.: KULTUSMINISTERKONFERENZ 2004)

3.2 Auffälligkeiten beim Schüler

> Im letzten Grundschuljahr vor dem Übertritt nimmt der Leistungsdruck in der Regel stark zu. Das Erreichen eines bestimmten Notenschnittes bestimmt in etlichen Bundesländern die weitere Schullaufbahn.

Es ist kaum möglich, von schulischer oder familiärer Seite aus den Erwartungsdruck von den Kindern fernzuhalten. Das Thema Übertritt/Schulwahl beschäftigt auch die Schüler sehr. Da drohen zum Beispiel Freundschaften auseinanderzubrechen, weil vielleicht von Freunden nicht die gleiche Schule besucht werden kann oder Schüler versuchen, auf eine Schule zu kommen, auf die möglichst wenige der in der Klasse unbeliebten Schüler gehen werden. Zwischen den Mitschülern kommt es kaum vermeidbar zu einem gesteigerten Konkurrenzdenken. Dieser große Notendruck wirkt sich immer wieder auf die Leistung der Schüler aus, leider häufig negativ.

> Deshalb hat der Lehrer die wichtige Aufgabe, seine Schüler noch genauer als in den anderen Jahrgangsstufen zu beobachten und bei Veränderungen rechtzeitig einzugreifen, bevor die Leistungen in einem oder mehreren Bereichen stark abfallen bzw. emotionale oder soziale Probleme auftreten. Eine ausreichende Belastbarkeit für Leistungsdruck spricht andererseits auch für eine Eignung für weiterführende Schulen.

3.2.1 Erkennen von Auffälligkeiten

Leistung

Es gibt viele Möglichkeiten, wie sich Probleme bei der Leistungserbringung durch Schüler im Abschlussgrundschuljahr äußern können:
- Gibt es plötzlich Unterschiede zwischen mündlicher und schriftlicher Leistung?
- Gibt es deutliche Unterschiede zwischen den Kernfächern?
- Sacken die Noten in der vierten Jahrgangsstufe plötzlich ab?
- Sind die guten Noten nur durch fleißiges Lernen erreicht worden oder können die erarbeiteten Unterrichtsinhalte auch auf andere Bereiche transferiert werden?
- Können schriftliche Leistungen nur deshalb nicht erbracht werden, weil die Lesekompetenz mangelhaft ist, die Aufgabenstellungen nur schwer verstanden werden oder die Verschriftlichung nicht befriedigend ist?
- Sind bei reinen Lernleistungen schlechte Ergebnisse vorhanden, werden ansonsten aber bei komplexeren Prüfungsarbeiten gute Leistungen erbracht?
- ...

Arbeitsverhalten

Lässt ein Schüler bei der Heftgestaltung plötzlich nach, werden die Hausaufgaben nicht mehr regelmäßig erledigt oder mangelt es an der sonst so aktiven Mitarbeit? Die Ursachen hierfür können in einer (gefühlten) Überforderung liegen, es kann aber auch sein, dass der Schüler einfach nicht mehr die Kraft hat, den häufig starken Erwartungsdruck der Eltern standzuhalten. Eltern lernen häufig zusätzlich mit ihren Kindern am Nachmittag, um die entsprechenden Noten für den Übertritt zu erreichen. Werden diese weiteren Übungen für den Schüler zu einer Belastung (da sie z. B. zu häufig, zu lang oder zu anspruchsvoll sind), kann es dazu führen, dass die nötige Erholungszeit am Nachmittag fehlt. Irgendwann suchen diese Kinder dann den fehlenden Erholungsausgleich am Vormittag, während des Unterrichts. Weiterhin nimmt die Motivation zum Lernen und zur Leistungserbringung ab. Die gleiche Auswirkung können übertriebener Ehrgeiz bzw. zu hohe Ansprüche des Schülers selbst haben.

Erfreulicher ist es natürlich, wenn die Schüler durch Ehrgeiz oder auch familiäre Erwartungen ihr Arbeitsverhalten zum Positiven verändern, im vierten Jahrgang plötzlich zügig und ordentlich arbeiten und im Unterricht gute Beiträge liefern. Leider ist diese Veränderung eher die Seltenheit.

Sozialverhalten bzw. emotionale Stabilität

Überforderung der Schüler kann sich auch auf das Sozialverhalten bzw. auf die emotionale Stabilität auswirken. Schüler werden durch den anhaltenden Druck leicht reizbar, reagieren unangemessen und teils aggressiv oder ziehen sich zurück. Das Selbstbewusstsein der Schüler wird geringer, sie resignieren („Ich kann es sowieso nicht", „Ich mache sowieso alles falsch", „Ich bin zu dumm dafür", ...) oder verweigern schlimmstenfalls jegliche Arbeit. Hier ist es besonders wichtig, rechtzeitig einzugreifen und gemeinsam mit Schülern und Eltern nach den Ursachen zu forschen. Das Hinzuziehen von Beratungslehrern bzw. Schulpsychologen ist eine gute Unterstützung.

Kennzeichen für eine Überforderung bzw. zu großen Leistungsdruck sind auch häufige Klagen über Kopf- oder Bauchschmerzen bzw. vermehrtes Fehlen wegen Krankheit.

3.2.2 Ursachen für Auffälligkeiten und Lösungsmöglichkeiten

Werden Auffälligkeiten in einem oder mehreren der vorher genannten Bereiche festgestellt, sollte baldmöglichst ein Gespräch mit dem Schüler und auch den Eltern geführt und nach möglichen Gründen gesucht werden.

Ursachen

Es gibt vielfältige Ursachen:
▶ Die Schüler haben das Gefühl, den Anforderungen der Eltern, der Schule oder von sich selbst nicht gewachsen zu sein.
▶ Beste Freunde erbringen bessere Leistungen und können deshalb vielleicht eine andere Schule als der Schüler selbst besuchen.
▶ Sozialer Status – Wertigkeit der weiterführenden Schulen („Auf die Hauptschule oder Mittelschule gehen doch nur die Dummen")
▶ Diskriminierende oder demoralisierende Kommentare von Mitschülern („Die kann nur auf die ...-Schule", „Ich gehe auf das Gymnasium und du?", „Du schaffst nicht mehr", „Du bist zu blöd für das Gymnasium" ...)
▶ Frustration über die Situation und die eigenen Leistungen

Lösungsmöglichkeiten

Es gibt kein Allgemeinrezept oder Allheilmittel zur Beseitigung dieser Probleme. Linderung bzw. Abhilfe der Situation kann evtl. geschaffen werden durch:
▶ Gespräche mit dem Schüler (gemeinsam nach Lösungsmöglichkeiten suchen)
▶ Gespräche mit den Eltern (falsche Erwartungshaltungen abbauen, Vertrauen in die Leistungsfähigkeit des Kindes aufbauen, Aufzeigen der Stärken des Kindes, Absprechen von Verstärkungsmöglichkeiten richtigen Verhaltens)
▶ Stärkung des Selbstbewusstseins durch häusliche Förderung, Erfüllung von angemessenen Aufgaben
▶ Evtl. Reduzierung von zusätzlichen häuslichen Übungen
▶ Gespräche in der Klasse über die Möglichkeiten, die die einzelnen Schulen bieten
▶ Aufzeigen, dass viele Wege zu einem Ziel führen können
▶ Projekte zum Stärken des Selbstbewusstseins, Aufzeigen von Stärken der einzelnen Schüler

Wichtig ist in jedem Fall ein baldiges Gespräch mit dem betroffenen Schüler und Kontaktaufnahme mit dem oder den Erziehungsberechtigen, um gemeinsam die Übertrittssituation für alle Beteiligten so angenehm wie möglich zu gestalten.

3.3 Information und Einbeziehung der Eltern

> Der folgende Abschnitt beschäftigt sich mit der Frage, wie die Zusammenarbeit zwischen Schule und Elternhaus auf eine solide Basis gestellt werden kann und wie eine erfolgreiche Kooperation auch den Neulingen in der weiterführenden Schule zugutekommt.

Der Elternabend zu Schuljahresbeginn sowie ein erster Elternbrief dienen der persönlichen Kontaktaufnahme und liefern den Erziehungsberechtigten erste Informationen. In Fragebögen haben die Eltern die Möglichkeit, ihr Kind zu charakterisieren. In einem Schülerprofil sammelt die Lehrkraft sämtliche Informationen über die einzelnen Schüler und nutzt dieses für die weitere pädagogische Arbeit.

3.3.1 Elternabend

Der erste Elternabend zu Beginn des 5. Schuljahres stellt für die Eltern eine wichtige Informationsveranstaltung dar.

Möglicher Ablauf:
- Begrüßung der Eltern der Schulneulinge durch Schulleitung
- Informationen zur Schule
- Vorstellung der Lehrkräfte, die eine wichtige Funktion im Übertrittsverfahren einnehmen: Schulpsychologe, Beratungslehrer, Unterstufenbetreuer, Tutoren, Lotse
- Überblick über die Aufgabengebiete dieser Lehrkräfte
- Klassenweise Gruppengespräche: Klassenleiter informiert über fachspezifische Inhalte und Anforderungen, benötigtes Material, geplante Vorhaben im Schuljahresverlauf usw.
- Wichtige Ergebnisse werden durch den Klassenleiter in einem kurzen Protokoll an die Eltern weitergegeben.

Der erste persönliche Kontakt zwischen Eltern und Lehrkräften zielt darauf ab, die Basis für ein positives Klima unter den Beteiligten zu schaffen – eine wichtige Voraussetzung für eine gelungene Zusammenarbeit im Laufe des Schuljahres.

3.3.2 Elternbriefe

Neben der persönlichen Kontaktaufnahme beim ersten Elternabend sind Elternbriefe ein wertvolles Instrument eines effektiven und kontinuierlichen Informationsflusses zwischen Schule und Elternhaus. Zu Beginn des Schuljahres herrschen – gerade bei Eltern, deren erstes Kind eine weiterführende Schule besucht – oftmals Unsicherheiten bezüglich häuslichen Arbeitens, aber auch organisatorischer Rahmenbedingungen. Ein Informationsbrief zu Beginn des Schuljahres sollte daher Tipps zum häuslichen Arbeiten (Zeiteinteilung, schriftliche und mündliche Hausaufgaben, Umgang mit möglichen Problemfeldern, ...), aber auch wesentliche organisatorische Informationen (Sprechstunden der Lehrkräfte, Kosten für Arbeitsmittel, geplante Vorhaben während des Schuljahres, ...) enthalten.

3.3.3 Fragebögen und Schülerprofil

Neben dem Informationsfluss, der stets die Klasse als Ganzes betrifft, bietet jedoch auch der individuelle Austausch zwischen Schule und Elternhaus wesentliche Möglichkeiten, den Übergang in die weiterführende Schule zu begleiten und zu erleichtern.

Im Einzelnen sind das:
- Besuch der Sprechstunden von Fachlehrern, Klassenleitern, Beratungslehrer, Schulpsychologen oder Lotsen, aber auch der Austausch auf schriftlicher Ebene, wofür Fragebögen ein geeignetes Instrument darstellen.
- Fragebogen (vgl. Abb. 3, KV 1 – S. 98 bzw. Elternfragebogen.doc auf CD):
In ihm haben die Eltern freiwillig die Möglichkeit, die Schule über ihr Kind zu informieren. Eltern äußern sich zu Motivation, Hausaufgabenverhalten, Lese- und Medienverhalten und Problemen ihres Kindes. Außerdem soll in diesem Fragebogen auch Raum bleiben für Wünsche und Tipps sowie Fragen der Eltern.

So erlebe ich mein Kind

Name: ______________________ Klasse: ________ Datum: __________

Motivation Begeisterung für die Schule/schulisches Arbeiten/Lieblingsfächer
Hausaufgaben Herangehensweise an die Hausaufgaben/Inwiefern können Sie Ihr Kind bei den Hausaufgaben unterstützen?/Wie lange benötigt es durchschnittlich für die Hausaufgaben?
Lese- /Medienverhalten Lieblingsbücher oder -spiele/Beschäftigung mit PC/Fernsehkonsum und -sendungen
Probleme In welchen Bereichen benötigt ihr Kind Unterstützung? Auf welche Schwächen sollte die Schule achten?
Wünsche/Tipps/Sonstiges
Ihre Fragen

Abb. 3

Schülerprofil (1)

Name: ______________________

Klasse: ______________________

Allgemeine Informationen (auf der Basis des Fragebogens zu Schuljahresbeginn)

Elternbefragung: So erlebe ich mein Kind (auf der Basis des Elternfragebogens „So erlebe ich mein Kind")	
Motivation	
Hausaufgaben	
Lese-/ Medienverhalten	
Probleme	
Wünsche	
Tipps	
Sonstiges	

Abb. 4

▶ Schülerprofil (vgl. Abb. 4 und Abb. 5, KV 2 – S. 99/100 bzw. Schuelerprofil.doc auf CD): Damit der Klassenleiter diese wertvollen Informationen für seine Arbeit mit dem betreffenden Schüler nutzen kann, bietet es sich an, für jeden Schüler seiner Klasse ein Schülerprofil zu erstellen, in das die Informationen der Eltern aber auch Beobachtungen aus dem Unterricht des Klassenleiters und der weiteren Fachlehrer sowie Zusammenfassungen aus Elterngesprächen aufgezeichnet werden. Dieses Schülerprofil ermöglicht dem Klassenleiter übersichtlich und auf einen Blick Wesentliches über den betreffenden Schüler vor Augen zu haben.

Schülerprofil (2)

Name: ______________________

Klasse: ______________________

Elterngespräche/Elterninformationen (Informationen aus Elterngesprächen)	
Datum des Elterngesprächs	**Vereinbarungen**

Beobachtungen im Unterricht (konkrete Beobachtungsmomente: fachspezifisch, Arbeitshaltung, Sozialverhalten, ...)	
Datum	**Beobachtung**

Informationen aus dem Übertrittszeugnis (je nach Bundesland)

Informationsaustausch mit den Fachlehrern

Abb. 5

3.4 Prüfungsangst und Konzentration

> Durch den Übertritt von der Grundschule an die weiterführende Schule ergibt sich für die Schüler eine Reihe mannigfaltiger Veränderungen. So vergrößern sich beispielsweise die Fächervielfalt und Stofffülle, was dazu führt, dass die Lernenden deutlich mehr Leistungsnachweise erbringen müssen, als dies bislang der Fall war. Außerdem wird von den Schülern eine höhere Lern- und Arbeitsgeschwindigkeit abverlangt, obgleich parallel dazu der Grad der Komplexität von Lerngegenständen zunimmt.

Diese zahlreichen fachgebundenen Neu-Anforderungen bedingen ein Umdenken bei den Lehrenden, Lernenden sowie bei den Eltern, die ihrem Kind auf dem Bildungsweg unterstützend zur Seite stehen wollen, damit das Lernen und Leisten inner- und außerhalb der Schule gelingen.

> Im folgenden Abschnitt werden praxisnahe Anregungen und Tipps gegeben, die helfen sollen, Prüfungsängsten und Konzentrationsschwächen von Schülern entgegenzuwirken.

3.4.1 Prüfungsangst

Gerade der hochsensible, genuin persönliche Empfindungsbereich (Prüfungs-)Angst erfordert eine vertrauensvolle Interaktion zwischen Lehrern, Schülern und Eltern, in der den Kindern als den direkt Betroffenen oberste Priorität zukommen muss. Um zu erkennen, was die Lernenden in Prüfungssituationen bewegt, ob, warum und inwiefern sie sich vor Leistungserhebungen fürchten, ist es ratsam, einen gedanklichen Austausch mit ihnen anzustreben.
Dies kann innerhalb des Klassenunterrichts – abhängig von der jeweiligen Klassenatmosphäre – beispielsweise in einer freien Form der Meinungsäußerung geschehen, in der die Schüler ihre gemeinsamen und individuellen Erfahrungswerte rund um vergangene Prüfungssituationen (aus der Grundschulzeit) artikulieren und in der sich auch der (Klassen-)Lehrer einbringen kann bzw. soll, damit keine Mitteilungsbarrieren auf Seiten der Schüler entstehen. Darüber hinaus eignen sich z. B. das (szenische) Rollenspiel oder im Kontext mit dem Aufsatzunterricht – zum Beispiel der Erlebniserzählung – das Verschriftlichen der Prüfungsangst in Form von Gedanken und Gefühlen vor und während eines schulischen Tests (innere Handlung zur Ausgestaltung des Höhepunktes), um Hinweise über das Empfinden in schulischen Stresssituationen zu erhalten. Eine weitere Option bietet in diesem Zusammenhang ebenso das Verfassen eines persönlichen Briefes an einen guten Freund o. Ä.

Diese Maßnahmen können dem (Klassen-)Lehrer helfen, herauszufinden, ob Schüler bei Leistungsnachweisen eine „gesunde" Anspannung im Sinne einer erhöhten geistigen Vigilanz verspüren – als notwendige Voraussetzung für das Abrufen von Höchstleistungen – oder ob Schüler kontrastiv dazu von einer Furcht beherrscht werden, die sich als Leistungsblockade entpuppt. Im zuletzt genannten Fall müssen die Eltern (mit dem jeweiligen Klassenleiter) den Beratungslehrer oder/und Schulpsychologen konsultieren, die den Schulen zur Verfügung stehen.
Einen wertvollen Beitrag können ferner die Tutoren liefern, weil sie als Schüler ein Verhältnis auf Augenhöhe – von Schüler zu Schüler – aufbauen können und es somit den „Kleinen" leichter fällt, etwaige Ängste bei Leistungserhebungen zu artikulieren als möglicherweise gegenüber einem Lehrer. Zusammen mit dem pädagogischen Betreuer, dem Koordinator der Tutoren, lassen sich dazu sinnvolle Konzepte entwickeln.

Der pädagogische Betreuer sollte überdies in enger Kooperation mit dem Beratungslehrer und Schulpsychologen bei der Entwicklung von Konzepten stehen.

> **Fünf praxisbewährte Tipps, der Prüfungsangst Beine zu machen**
>
> **1. Tipp: Kontinuierliches, selbstverantwortliches Lernen**
>
> Infolge der eingangs skizzierten (fachspezifischen) Mehrbelastungen an einer weiterführenden Schule muss von allen Beteiligten – Eltern, Schülern und Lehrern – ein Konsens darüber herrschen, dass ein punktuelles, sporadisches Prüfungslernen oder ein sog. „blindes" Auswendiglernen keinesfalls ausreichen, um den Anforderungen der Realschule oder des Gymnasiums dauerhaft zu genügen.

Der Erfolg des Lernens liegt stattdessen im kontinuierlichen Lern- und Verstehensprozess, in dem die Schüler jeweils stark in der Pflicht stehen, weil sie diesen von Beginn an selbstverantwortlich und selbstgesteuert mitgestalten müssen. Das heißt beispielsweise, dass Schüler nicht erst dann lernen, wenn der Fachlehrer expressis verbis etwas „aufgibt", sondern dass sie vor und nach jeder Unterrichtsstunde die entsprechenden Unterrichtsmaterialien in die Hand nehmen und sich geistig aktiv mit den Inhalten auseinandersetzen.

Damit Gelerntes nicht nur kurzzeitig, sondern mittel- und langfristig im Gedächtnis abgespeichert wird und sich als „richtiges" Wissen etablieren kann, bedarf es in regelmäßigen Zeitintervallen außerdem einer Wiederholung. Für das Behalten von Fremdsprachenvokabeln hat sich hierbei z. B. das Lernen mit Karteikarten bewährt.

Wem es gelingt, das Lernen als selbstverantwortlichen und fortwährenden Prozess gedanklicher Auseinandersetzung aufzufassen, der unweigerlich mit Anstrengung verbunden ist, der wird nach und nach Sicherheit bekommen und bei Prüfungen nicht schaudern.

2. Tipp: Verstehendes Lernen

Wenn hier vom Lernen gesprochen wird, dann stets mehr in der Bedeutung der kognitiven Durchdringung einer Materie als davon, dass ein Schüler den Lernstoff mit dem Geist erfasst und ihn folglich in sog. Transferaufgaben anwenden kann, ohne ins Straucheln oder in Panik zu geraten. Das setzt voraus, dass Lerninhalte von unterschiedlichen Seiten betrachtet und im Idealfall lückenlos erschlossen werden.

Um diese Königsstufe des Lernens zu gewährleisten, hat der Lehrer im Unterricht die Pflicht, jeder Stoffvermittlungsphase eine sog. Anwendungsphase anzuschließen, in der die Lernenden die Gelegenheit erhalten, den Stoff mittels praxisnaher Aufgaben als Können unter Beweis zu stellen. Dabei erscheint es unabdingbar, den Schülern echte Alltagssituationen zu liefern, damit diese erkennen können, dass sie nicht für die Schule lernen, sondern für das Leben – „non scholae, sed vitae discimus" (Seneca).

Gleichermaßen sollten Eltern, die ihrem Sprössling Gutes tun wollen, bei der sog. häuslichen Abfrage nicht bloß eine Wissensreproduktion einfordern, sondern nach Zeit und Möglichkeit das zu Lernende als Komplexaufgabe testen.

Konkret bedeutet dies am Beispiel des Vokabellernens, Wörter nicht allein isoliert, also z.B. in ihrer infiniten Form, nennen zu lassen, sondern kontextgebunden, sodass zumindest das Deklinieren bzw. Konjugieren unter Beweis gestellt werden muss.

Ein derartiges Lernen steht ganz im Sinne der Nachhaltigkeit, durch das der Lernende – wenn es dauerhaft angewendet wird – Vertrauen in das eigene Können erwirbt.

3. Tipp: Aktive Teilnahme am Unterricht

Ein begreifendes Erfassen impliziert aber auch, dass sich Schüler aufmerksam und aktiv am Unterrichtsgeschehen beteiligen und von ihrer Pflicht Gebrauch machen, beim Lehrer ohne Scheu nachzufragen, wenn sie nicht alles auf Anhieb verstanden haben. Hierbei dürfen Schüler frei nach der Prämisse handeln, dass es keine sog. dummen Fragen gibt. Dem Lehrer kommt in diesem Kontext die verantwortungsvolle pädagogische Aufgabe zu, für eine angenehme Unterrichtsatmosphäre zu sorgen, in der dies nicht nur möglich ist, sondern sogar gewünscht wird. Wer im Unterricht hellwach ist und die Dinge mit Verstand angeht, bemerkt schnell, dass er sich viel Zeit für die Vorbereitung angekündigter Leistungsnachweise spart und keine Furcht davor zu haben braucht. Im Idealfall fiebert der Prüfling dem Test, in dem er zeigen darf, was er kann, sogar freudig entgegen.

4. Tipp: Positives Verstärken

Unabhängig vom Wissens- und Erkenntnisstand des Einzelnen erscheint es unabdingbar, ihn im Prozess des Lernens immer wieder positiv zu bestärken, damit er diesen kontinuierlich fortsetzt. Lernschwierigkeiten sollten daher nie Anlass zu Schimpf und Tadel sein, sonst verstärken sich diese spiralförmig und es besteht die große Gefahr, dass die geistige Arbeit, die ohnehin mühevoll ist und deshalb eines steten inneren Ansporns bedarf, verweigert wird und sich eine Blockadehaltung manifestiert.

Stattdessen sollten sowohl Lehrer als auch Eltern im Umgang mit den Lernenden die individuellen Stärken erkennen und von diesen ausgehend vorhandene Lücken sowie Schwächen abbauen. Das ehrlich gemeinte Lob sollte dabei wohldosiert zur Anwendung kommen, denn es motiviert für weitere Anstrengungen.

5. Tipp: Prüfungssituation „üben"

Um Schülern das Unbehagen vor der ersten Rechenschaftsablage („Abfrage"), Stegreifaufgabe oder Schulaufgabe an einer weiterführenden Schule zu nehmen, hat es sich bewährt, bei jedem Aufgabenformat eine sog. „nullte" Version anzusetzen, die den Edukanten angekündigt wird. Bei dieser wird die offizielle Prüfung in allen Belangen simuliert, sodass die Schüler genau erfahren, was konkret auf sie zukommen wird. Sie verlieren infolgedessen die Scheu vor dem Unbekannten und merken, dass sie keine Furcht zu haben brauchen. Unerlässlich ist es in diesem Zusammenhang, die Prüfungsdauer, den Prüfungsort, die Anzahl und den Schwierigkeitsgrad der Aufgaben nicht zu verfälschen. Die probehalber durchgeführten Leistungsnachweise sollten daher nicht als Hausaufgabe gegeben werden.

Anders als bei einem echten Test soll die Schülerleistung nicht mittels einer Note zensiert werden, stattdessen erstellt der Lehrer aus pädagogisch-didaktischen Gründen ein Wortgutachten, das sowohl den Kindern als auch den Eltern als Rückmeldung dient. Je nach Sensibilität der Klasse entscheidet die Lehrkraft, wie viele mündliche resp. schriftliche Probedurchläufe vonnöten sind.

3.4.2 Konzentration

Kinder sind Weltmeister im Spielen. In bestimmten Situationen erscheint es aber bereits im Kindesalter notwendig, sich punktgenau konzentrieren zu können, um einerseits eine optimale Leistung abzurufen und andererseits die Arbeitszeit effektiv zu nutzen, damit trotz der schulischen Aufgaben ausreichend Zeit bleibt für die Lieblingsbeschäftigung, dem Spielen.

Zwei praxisbewährte Tipps zur Konzentrationsschulung

1. Tipp: Ein fester, ablenkungsfreier Arbeitsplatz

Nach Möglichkeit sollten schulische Tätigkeiten – insbesondere Hausaufgaben – immer an demselben Ort verrichtet werden. Die Erfahrungen lehren nämlich, dass sich der „innere Schweinehund" – den jeder von uns in sich trägt – leichter überwinden lässt, wenn der Arbeitsplatz definiert – also fest – ist und nicht variiert. Das Gehirn speichert diesen dann gewissermaßen als Ort des Studierens ab.

Zwar sollte er für das Kind eine gewisse Wohlfühlatmosphäre ausstrahlen – beispielsweise in einer freundlichen, inspirativen Wandfarbe gestrichen sein –, damit es sich dort gerne und nicht wider Willen aufhält, doch sollte der Raum möglichst ablenkungsfrei gestaltet und aufgeräumt sein, damit einer konzentrierten Beschäftigung sowie einem zügigen Arbeitsbeginn nichts im Wege steht. Um störende Unterbrechungen zu verhindern, sollten zudem alle arbeitsnotwendigen Utensilien griffbereit gelagert sein und sich stets in einem funktionalen, einwandfreien Zustand befinden, den es regelmäßig (am besten von den Heranwachsenden selbst) zu überprüfen gilt.

In der unmittelbaren Umgebung des Schreibtisches sollten sich demnach keine Spielsachen befinden, sonst vermengen sich allzu leicht das Spielen und Arbeiten miteinander, was in der Regel deutliche Konzentrations- und Leistungseinbußen zur Konsequenz hat. Gerade bei Kindern mit Aufmerksamkeitsproblemen behält der emotional-affektive Wert und der damit einhergehende hohe Aufforderungscharakter von Spielgeräten im direkten Wettstreit mit dem geistigen Tun die Oberhand, ebendarum gilt es, diese beiden Bereiche strikt voneinander zu trennen – auch im Bewusstsein des Kindes.

2. Tipp: „Intelligentes" Arbeiten am Beispiel der Hausaufgabenbewältigung

Ein ungestümes, unreflektiertes Drauflosgelegen endet allzu leicht im Chaos, kostet viele Nerven, beschert aber keinen Erkenntnisreichtum. Wer hingegen „mit Köpfchen" agiert, spart sich Ärger, wertvolle Zeit und initiiert sukzessive ein vernetztes, strukturiertes Denken. Bei der Umsetzung dieser Idee helfen folgende Überlegungen.

Arbeitsplan

Zu Beginn einer jeden Arbeit sollte ein zielgerichteter Handlungsplan erstellt werden. Noch bevor dieser konzipiert wird, muss allerdings eruiert werden, wie viele und welche Art von Aufgaben zu bewältigen sind. Hierbei hilft ein sorgfältig geführtes Hausaufgabenheft. Wenn das Aufgabenpensum feststeht, muss eine sinnvolle Reihenfolge festgelegt werden, in der die einzelnen Aufgaben erledigt werden sollen.

Vom Einfachen zum Schwierigen

Aus motivations- und lernpsychologischen Gründen erscheint es ratsam, mit einer einfachen und angenehmen Arbeit zu beginnen, die dem

Gehirn als willkommenes Warming-up dient. Anstelle dessen kann auch eine kurze Konzentrationsübung stehen – z. B. das Innehalten für ein bis zwei Minuten mit bewusster, tiefer Atmung –, welche die Vigilanz und Aufmerksamkeit evoziert. Erst im Anschluss daran ist es förderlich, sich „echter" Lernarbeit oder komplexeren schriftlichen wie mündlichen Aufgaben zu widmen.

Bloß keine Monotonie

Nichts wirkt aus Kinderaugen schlimmer, als immer dasselbe zu machen. Deshalb sollte man beim Erstellen des Arbeitsplans dringend darauf achten, dass die Aufgabenabfolge „bunt" gemischt ist, sich also zum Beispiel schriftliche Arbeiten mit mündlichen abwechseln, sprachliche mit mathematisch-naturwissenschaftlichen etc. Durch den steten Wechsel unterschiedlicher Aufgabenformate, -inhalte und divergenter Schwierigkeitsgrade wird das Gehirn in mannigfaltiger Weise gefordert, dadurch können die Kinder sich länger konzentrieren.

Lernschwierigkeiten sind hingegen prognostizierbar, wenn sehr ähnliche Dinge – zum Beispiel zwei Sprachen wie Englisch und Französisch – direkt hintereinander im Gehirn verarbeitet werden müssen, da es dann allzu schnell zu kognitiven Interferenzen kommt. Dieses Problem äußert sich in der Praxis in Gestalt von Konzentrationsstörungen einerseits und andererseits darin, dass man alles durcheinanderwirft – sowohl in der Einprägungsphase als auch in der Anwendungsphase.

Die lohnende Pause

Nichtsdestotrotz benötigt das Gehirn – ähnlich wie ein Muskel bei körperlichen Anstrengungen – proportioniert Pausen, um frisch und leistungsbereit zu bleiben. Hat man das genaue Zusammenspiel zwischen geistiger Be- und Entlastung für sich herausgefunden, wird die Pause zum Garanten für Leistungsoptimierung im Sinne eines fehlerreduzierten Arbeitens. Darüber hinaus verkürzt sich trotz eingelegter Pausen die absolute Hausaufgabenzeit infolge der verbesserten Arbeitseffizienz.

Wann und wie lange man sich de facto eine Ruhephase gönnt, muss letztlich jeder für sich selbst herausfinden. Feststeht allerdings, dass Pausen nicht erst zu setzen sind, wenn man nicht mehr kann, sondern erheblich früher. Als Faustregel gilt, dass man Pausen regelmäßig setzen soll, kurz halten soll, um im Arbeitsrhythmus zu bleiben, und bewusst als solche erleben soll.

Chronobiologischer Rhythmus: Leistungshochs und Leistungstiefs im Tagesablauf

In jedem Menschen tickt eine innere Uhr, die seinen Tagesablauf rhythmisiert und vorgibt, wann er besonders leistungsfähig bzw. leistungsschwach ist. Im Rahmen unzähliger Untersuchungen haben sich hierzu sog. Durchschnittswerte ergeben, die zeigen, dass die geistige Fitness zwischen 09.00 Uhr und 12.00 Uhr, zwischen 15.00 Uhr und 16.30 Uhr sowie zwischen 17.30 Uhr und 18.30 Uhr günstig ist. Unvorteilhaft erscheint es dagegen, vor 08.00 Uhr, zwischen 12.00 Uhr und 15.00 Uhr („Mittagstief") und nach 19.00 Uhr zu arbeiten, weil in diesen Zeitintervallen die Aufmerksamkeit auf ein relativ niedriges Niveau absinkt und man deshalb nur schwer bei der Sache bleiben kann.

Es handelt sich hierbei jedoch lediglich um gemittelte Angaben, die deshalb nicht unbedingt auf den Einzelnen zutreffen müssen. Insofern ist es ratsam, diese Ergebnisse als Orientierungshilfen anzusehen, mit deren Hilfe man seinen eigenen, individuellen chronobiologischen Rhythmus bestimmt. Schließlich tickt jeder Mensch ein wenig anders. Mithilfe eines Tagebuchs, in dem man beispielsweise notiert, zu welchen Tageszeiten man arbeitet, mit welchem subjektiven Empfinden und mit welcher Effizienz man dies tut, kann man über einen relativ kurzen Zeitraum hinweg ein repräsentatives Bild über seine persönlichen Leistungshochs und -tiefs gewinnen.

Nicht selten ist es aber so, dass der Alltag uns in ein zeitliches Korsett presst und uns einen festen Arbeitstakt vorgibt. Umso wichtiger ist es dann, zu festen Zeiten Aufgaben zu erledigen, weil sich der Organismus bis zu einem gewissen Grad umstellen kann.

Dessen ungeachtet gibt es viele Kinder, die unmittelbar nach Schulschluss und Mittagessen, ihre Hausaufgaben bewältigen möchten, um anschließend – nach dem Belohnungsprinzip – entspannt ihre Freizeit genießen zu können. Zwar widerspricht ein solches Handeln den chronobiologischen Erkenntnissen, es ist aber in höchstem Maße (intrinsisch) motiviert und unterliegt demnach der dominanten Antriebsfeder kindlichen Tuns – der Motivation. Und wenn die erzielten Resultate bei den Hausaufgaben zufriedenstellend ausfallen, dann besteht für die Eltern auch kein Anlass, hierin etwas zu ändern.

ÜBERGÄNGE VORBEREITEN UND BEGLEITEN

> **Die Tipps und Tricks auf einem Blick**
>
> Prüfungsangst:
> - Ich bleibe wie im Sport immer am Ball und vermeide punktuelles Lernen!
> - Ich lerne inwendig, nicht auswendig!
> - Im Unterricht denke und arbeite ich rege mit und frage bei Unklarheiten gleich nach!
> - Für die Eltern und Lehrer: Ich lerne viel lieber, wenn ich ab und an ein ernst gemeintes Lob erhalte.
>
> Konzentration:
> - Ich habe einen festen, aufgeräumten Platz, an dem ich meine Schulsachen erledige, und lasse mich beim Arbeiten nicht ablenken, so bin ich schneller fertig!
> - Ich gehe immer planvoll und zielgerichtet vor, um nicht im Chaos zu versinken!
> - Ich bewältige zuerst einfache, motivierende (Haus-)Aufgaben, ehe ich die schwierigeren in Angriff nehme!
> - Ich achte auf einen „bunten" Aufgabenmix, dann langweile ich mich nicht so schnell und mein Gehirn wirft nichts durcheinander!
> - Ich schnaufe regelmäßig kurz durch, damit ich konzentriert bleibe!
> - Ich höre auf meine innere Uhr und arbeite zu den Tageszeiten, in denen ich besonders leistungsfähig bin!

3.5 Vorbereitung an der Grundschule

3.5.1 Persönliche und soziale Kompetenz

> Mit dem Übertritt an eine weiterführende Schule ergeben sich für das Kind vielfältige Veränderungen. Vom „großen" Schüler in der Grundschule wird das Kind zum „kleinen" Schüler in der weiterführenden Schule. Sich auf diese veränderte Rolle einzustellen, mit eigenen Wünschen und Bedürfnissen und der Erwartungshaltung von Familie und Gesellschaft umzugehen, ist nicht einfach, fällt Kindern oft schwer. Deshalb müssen Voraussetzungen in der Ich-Kompetenz und der sozialen Kompetenz geschaffen und ausgebaut werden, um Kinder stark zu machen, diesen wichtigen Lebensabschnitt angemessen bewältigen zu können.

Für die Persönlichkeitsentwicklung unabdingbar sind
- Kennenlernen der unverwechselbaren Identität (z. B. Wer bin ich? – Führen eines ICH-Buchs)
- Wissen um die eigenen Stärken (Fähigkeiten, Fertigkeiten, Interessen, Neigungen) und Schwächen (z. B. Dokumentation in einem Lerntagebuch)
- Reflexion, die dazu führt, Kompetenzen und Ressourcen immer wieder hervorzuholen und zu nutzen (z. B. Lernentwicklungsgespräch)
- Umgang mit Gefühlen (Freude, Stolz, Angst, Unsicherheit usw.)
- Mut zu Fehlern und Aufbau einer Fehlerkultur („Schatzsuche statt Fehlerfahndung")
- Umgang mit Veränderungen, Ungewohntem, Neuem und Schwierigkeiten
- Verarbeitung von Erfolg und Misserfolg
- Konfliktmanagement (z. B. Kindersprechstunde, Klassenrat)
- Entwicklung und Stärkung des Selbstwertgefühls („Ich weiß, dass ich etwas kann!")

Kinder müssen erfahren und einsehen, dass Lernen eigenverantwortlich und ein Leben lang stattfindet. Selbstständiges Lernen führt langfristig dazu, dass Schüler gerne und mehr lernen, durch das entsprechende „Know how" besser und intensiver lernen, das Gelernte behalten und auf neue Lernstoffe übertragen können.

Die Entwicklung der Schlüsselqualifikationen
- Eigeninitiative
- Engagement
- Verantwortungsbereitschaft für das eigene Lernen
- Selbstsicherheit
- Selbstvertrauen bei der Erledigung neuer Aufgaben
- Entscheidungsfähigkeit
- Anpassungsfähigkeit
- Flexibilität
- Gewissenhaftigkeit und Zuverlässigkeit bei der Erledigung von Arbeiten
- Problemlösungsstrategien (z. B. Rollenspiele)

festigt die Sozialkompetenz und sollten ab der 1. Jahrgangsstufe in allen Unterrichtsfächern geschult werden.

> Lehrer (besser: Lernbegleiter) und Eltern müssen Kindern Freiheit zur Eigenverantwortlichkeit zugestehen, ihren Lernbedürfnissen Raum geben und sie loslassen, damit Schritte selbst gegangen werden können. Auch Fehler sind auf diesem Weg unerlässlich und letztendlich hilfreich für die Persönlichkeitsbildung.

Die Entwicklung einer klaren Vorstellung vom eigenen Leistungsvermögen, Stolz auf das eigene Können und damit verbunden ein effizienter Einsatz von Kräften muss bereits im Primarbereich Inhalt einer am Kind orientierten Lern- und Leistungskultur sein, die Phasen der Konzentration, Entspannung und Stressbewältigung gleichermaßen beinhaltet.

Das Überprüfen und Ändern alter Lern- und Verhaltensmuster (Kinder lernen nicht nur auf Anweisung), die Bereitschaft, innerhalb kooperativer Lernformen Teamfähigkeit zu entwickeln, Beziehungen aufzubauen und bei Bedarf Hilfen von außen anzunehmen beinhaltet das Knüpfen sozialer Netze, welches über die enge Klassengemeinschaft der Grundschule hinausgeht. Kreativität beim Lernen und Entwickeln sozialer Beziehungen, Humor und Freude sind wichtige Bestandteile erfolgreichen Lernens.

Wenn Herausforderungen von den Schülern als etwas Positives gesehen werden und sie Strategien erworben haben, damit umzugehen, besteht eine gute Chance, dass Übergänge nicht zu Bruchstellen, sondern zu Nahtstellen werden.

3.5.2 Lern- und Methodenkompetenz

> Als Grundvoraussetzung gilt die Bereitschaft und der Wille eines Kindes, lernen zu wollen und Methoden zu erwerben, die es zu einem Lernexperten machen. Für die Entwicklung einer sinnvollen Lern- und Methodenkompetenz ist es unabdingbar, strukturiert und methodisch im Sinne eines Lehrgangs über die Schuljahre hinweg vorzugehen (Methodencurriculum).

Methoden werden geschult, bauen aufeinander auf und können so in der weiterführenden Schule mit neuen Strategien verknüpft werden. Einen verbindlichen Methodenkatalog in den Lehrplänen der Bundesländer und der Lehrerausbildung zu installieren, böte die Chance, systematische Lernweisen und Lernorganisation zu betreiben, voneinander und miteinander zu lernen und sinnvoll über die Grenzen einer Schulform hinaus zu kooperieren. Auch dies kann Übergänge erleichtern und strukturieren.

Der situationsadäquate Gebrauch effektiver Strategien und Methoden, das Kommunizieren über Denk- und Lernstrategien schult die Fähigkeit zum vernetzten Denken und Lernen und macht das Kind zu einem erfolgreichen Lerner. Die Frage nach dem Sinn des Lernens wird dabei (auch vom Kind selbst) immer wieder gestellt. Unter Berücksichtigung unterschiedlicher Lerntypen und des multicodierten Lernens (mehrkanaliges Lernen) geht der Schüler daran, Lernprozesse selbstständig zu planen, zu organisieren, zu gestalten, zu reflektieren und letztendlich mit zu verantworten. An vorhandene Kompetenzen wird dann in der Sekundarstufe angeknüpft.

Methodenvermittlung und -erwerb kann dabei aufgeschlüsselt werden in
▶ Primärstrategien
▶ Präsentationskompetenz
▶ Kommunikationskompetenz
▶ Teamkompetenz
▶ Reflexionskompetenz
▶ Medienkompetenz

Primärstrategien

Vor der eigentlichen Schulung von Lernmethoden müssen die Kinder in elementaren Arbeitstechniken geschult werden. Dies beginnt nicht erst in der Grundschule, die Aneignung handwerklicher Grundtechniken erfolgt bereits in den Kindertagesstätten.

Falten, Ausschneiden, Kleben, Lochen, Einheften, Markieren, Unterstreichen und vieles mehr sind Voraussetzungen zum erfolgreichen Umgang mit Methoden.

Präsentationskompetenz

Darunter fallen: sich Inhalte aneignen und diese anderen vorstellen, darbieten oder vortragen impliziert auch, etwas von sich selbst zu zeigen, preiszugeben – sich zu präsentieren (vgl. Entwicklung der Ich-Kompetenz). Damit dies gelingt, ist das Erlernen professioneller Präsentationstechniken notwendig. Von kleinen Anfängen (z. B. Erzählung, Rätsel) über die Weitergabe von Expertenwissen durch Schüler (Lernen durch Lehren) bis zu umfangreichen Präsentationen (z. B. Buchvorstellung, Vortrag, Referat) reicht das Spektrum. Erlerntes wird dokumentiert, neue

Inhalte werden erfahrbar gemacht. Das Interesse der Zuhörer hängt sowohl vom dargebotenen Inhalt als auch von geeigneten Techniken ab. Dafür lassen sich unterschiedliche Medien nutzen (siehe Medienkompetenz). Das freie Sprechen unter Zuhilfenahme von schriftlichen Stichpunkten (Karteikarten, „Spickzettel") ist anzustreben. Visualisierung durch Lernplakat, Folie, Collage, Steckbriefe, Ausstellung, Versuch usw. unterstützt die Qualität einer Präsentation. Präsentationstipps und Rhetorikregeln sind mit den Schülern zusammen zu entwickeln.
Jedes Kind erfährt, dass man Präsentieren lernen kann. Erfolgserlebnisse stärken die Weiterarbeit und die Entwicklung der Persönlichkeit.

Kommunikationskompetenz
Mit anderen erfolgreich kommunizieren können, setzt eine intensive Schulung voraus in den Bereichen:
- Berichten, Erzählen, Informieren
- Aktiv Zuhören
- Wiedergeben des Gehörten, Zusammenfassen
- Befragen, Nachfragen (Expertenbefragung)
- Seine Meinung äußern
- Begründen, Argumentieren
- Diskutieren
- Ein Interview führen
- Entwickeln und Einhalten von Gesprächsregeln
- Sprachkonventionen beachten
- Gesprächsformen (Partner-, Gruppen-, Klassengespräch, Redekette, Gesprächskarussell, Fishbowl-Diskussion, Pro und Contra-Debatte)

Vielfältige kommunikative Aspekte, die Sprachkultur fördern, finden sich in den Deutschlehrplänen der Bundesländer. Die Entwicklung einer Feedback-Kultur ist ein wichtiges Unterrichtsprinzip für alle Fächer.

Teamkompetenz
„Achtsam" miteinander umgehen ist nicht nur ein Schlagwort unserer Zeit, sondern gewinnt in Gesellschaft, Wirtschaft und Schule immer mehr Bedeutung. Für die Kooperation mit anderen ist schon im Primarbereich die Entwicklung von Umgangsformen und klaren Regeln bei der Zusammenarbeit mit Partnern in unterschiedlichen Gruppengrößen notwendig. Arbeitsabläufe in der Gruppe zu planen, durchzuführen und auszuwerten bedarf intensiver Schulung. Beziehungen zwischen Kindern müssen aufgebaut, vertieft und reflektiert werden. Der Lehrer ist dabei in seinem Verhalten Vorbild, Begleiter und Moderator.

Die Methode „Think – Pair – Share" (Denken – Austauschen – Vorstellen) kann als Grundelement kooperativen Lernens gelten.

Reflexionskompetenz
Wichtig ist die Reflexion der Lernergebnisse, um eine Modifizierung der Lernwege für die erfolgreiche Weiterarbeit vorzunehmen. Dabei ist es erstrebenswert, zuerst Gelungenes zu loben, bevor konstruktive Kritik geübt wird. (vgl. Kommunikationskompetenz). Das Resümee sollte erst vom Einzelnen gezogen werden, bevor Mitschüler und Lehrer ihre Meinung dazu äußern (Selbst- und Fremdwahrnehmung). Stärken vor Augen führen und aufbauen geht der konstruktiven Kritik voraus. Verbesserungsvorschläge und notwendige Konsequenzen brauchen ein Klima des Vertrauens, in dem alle Kinder akzeptiert werden. Die Schulung der Feedback-Kultur ist für die Entwicklung der Teamfähigkeit Grundlage.

Selbsteinschätzungsbögen, Bewertungsbögen, Führen eines Lern- oder Forschertagebuchs, Portfolioarbeit und die Anlage eines Lernprotokolls sind Möglichkeiten der schriftlichen Meinungsäußerung. Lernfortschritte bewusst zu machen, ist dabei eine wichtige Aufgabe, die der Lehrer initiiert (Schülergespräche).

Medienkompetenz
Da Wissen sehr schnell überholt ist und man sich dieses auch nicht voll umfänglich aneignen kann, gilt es, mit den Kindern Möglichkeiten des schnellen Zugangs zu unterschiedlichen Medien zu schulen. Neben der Verwendung von Printmedien sollte vor allem die Nutzung elektronischer Medien das „Handwerkszeug" eines jeden Grundschülers sein. Eine sinnvolle und rasche Recherche im Internet erleichtert den Wissenserwerb. Das Qualitätsbewusstsein über die erhaltenen Informationen muss allerdings erst geschult werden. Professionelle Erarbeitung und Präsentation erworbener Inhalte und eine gut mögliche Kommunikation darüber mit anderen am Lernprozess Beteiligten (Chatten, E-Mail-Kontakt) führen zu einer Medienkompetenz, die sich am lebenslangen Lernen orientiert.

Vielfältige Lernsoftware unterstützt das individuelle Lernen.

Offene Unterrichtsformen wie Stationentraining, Lerntheke, Arbeit mit der Lernkartei, Wochenplanarbeit usw. sind dem Erwerb und der Schulung von Methoden zuträglich. Um ein Lernen in größeren Zusammenhängen anzubahnen (in der weiterführenden Schule notwendig) und Vernetzung des Lernens zu ermöglichen, bieten sich Portfolioarbeit, Projektunterricht und Werkstattunterricht an.

3.5.3 Grundlegende Arbeitstechniken und Stützstrategien

> Für Wissenserwerb, -strukturierung und -verarbeitung ist eine fachspezifische Vermittlung und Schulung von Arbeitsweisen notwendig. Daneben gibt es grundlegende Arbeitstechniken, die nicht auf einzelne Unterrichtsfächer bezogen sind.

Lesetechniken
Lesetechniken sind für die Informationsentnahme von Texten Grundvoraussetzung (z.B. Lern-3-Sprung, später 5-Gang-Lesetechnik). Man schult dadurch das Lesen und Verstehen von Texten und befähigt die Schüler, Gelesenes zu verstehen und selbstständig verarbeiten zu können.

Merktechniken
Das Gedächtnis unterstützende Maßnahmen für die Speicherung und die Wiedergabe von Wissen sind Memotechniken. Besonders empfehlenswert sind die Loci-Techniken, bei denen Lerninhalte mit subjektiv bedeutsamen Lernorten in Verbindung gebracht werden. Das Auffinden der schwer zu merkenden Lerninhalte in der Raumumgebung ist mit Bewegung verknüpft und lässt sich leicht mit einem Lernspaziergang verbinden. Bildassoziationen herzustellen, unterstützt das Merken und Behalten. Als weitere Merkhilfe hat sich das Arbeiten mit Karteikästen bewährt.

Ordnung am Arbeitsplatz und in der Schultasche
Um sinnvoll und ungestört arbeiten und lernen zu können, ist Ordnung am schulischen und häuslichen Arbeitsplatz und in der Schultasche wichtig. Die Gestaltung ist Sache eines jeden Einzelnen, erleichtert aber ein strukturiertes Lernen. Passende Bestuhlung, Beleuchtung, Arbeitsruhe und das Vorhandensein nur wichtiger Lerngegenstände (Stifte, Papier, Ablagekorb, Nachschlagewerke, Marker, Uhr usw.) und Unterrichtsmaterialien (Bücher, Hefte, Arbeitsblätter, Hausaufgabenheft, Computer) tragen zu einer störungsfreien Umgebung bei. Der Wohlfühlfaktor ist dabei nicht zu unterschätzen (Mein Lernplatz ist ein Wohlfühlplatz!).

Am Ende einer Arbeitsphase ist eine Kontrolle für den nächsten Schultag notwendig (Mäppchen in Ordnung, Sammelmappe geleert, Hausaufgaben erledigt, Büchertasche gepackt). Dies sollten die Grundschüler alleine erledigen (Erinnerungshilfen) und Verantwortung für ihr Tun übernehmen.

Struktursystem für die Eintrags- und Heftgestaltung
Für das Erlernen, Einprägen und Wiederholen des Lernstoffs ist eine übersichtliche Gestaltung von Arbeitsblättern und Hefteinträgen unabdingbar. Neben der vollständigen Fixierung des korrekten Inhalts und der Berücksichtigung von Rechtschreibung sind ästhetische Gesichtspunkte (Schriftbild, grafische Elemente) zu schulen. Auf die Lesbarkeit bei hohem Schreibtempo ist bereits in der Grundschule hinzuarbeiten. Ein fachgerechter Umgang mit Lern- und Arbeitsmaterialien sollte dabei selbstverständlich sein.

Arbeitsplanung/Hausaufgabeneinteilung
Für das häusliche Arbeiten ist das Erstellen eines Lern- und Arbeitsplans („to-do-Liste") hilfreich. Dieser kann kurzfristig (für die Arbeit des Tages) oder für die mittelfristige Planung (Wochenarbeitsplan) überlegt und übersichtlich fixiert werden (Pinnwand). Arbeitsregeln zu entwickeln hat dabei auch eine individuelle Komponente.

Zeitmanagement/Lerntempo
Im Laufe ihrer Grundschulzeit lernen die Kinder mit Zeit umzugehen, ihre Arbeits- und Freizeit einzuteilen. Eine sinnvolle Zeitplanung (mit optischem Zeitplaner), die Zeitpuffer und Pausen beinhaltet, schafft letztendlich Zeit für wichtige Arbeitsprozesse. Zeit selbstständig einzuteilen bedarf der Übung. Der Zeitfaktor und die Verplanung der zur Verfügung stehenden Zeit müssen langfristig geschult werden. Dabei ist die behutsame Steigerung des Arbeitstempos (auch Lese- und Schreibtempo) anzustreben, denn ein zügiges und selbstständiges Arbeiten tritt immer mehr in den Focus. Da neben Inhalten in der Grundschule auch ästhetische Gestaltung erst gelernt werden muss, verfügen nicht alle Schüler über das nötige Lerntempo, welches in der weiterführenden Schule nicht nur aufgrund der 45-Minuten-Einheiten, der Stofffülle und des Fachlehrerprinzips stärker in den Vordergrund tritt.

ÜBERGÄNGE VORBEREITEN UND BEGLEITEN

Konzentrationsübungen/Entspannungstechniken

Neben Konzentration und Anspannung ist es wichtig, Möglichkeiten zu erlernen, um abschalten zu können und sich zu erholen. Herauszufinden, was jedem einzelnen Schüler gut tut, ist ein lohnender Prozess: Atemübungen, Progressive Muskelentspannung nach Jacobsen, Yoga, Gedankenreisen, Edu-Kinestetik, Malen zur Musik, Mandalas, Bewegungsübungen, Musikhören, Bildbetrachtung, Kimspiele, Geduldspiele, Knobelaufgaben, Konzentrationsspiele, freies Schreiben in das persönliche Heft helfen dabei, sich zu sammeln bzw. loslassen zu können und über längere Phasen durchzuhalten. Rhythmisierungsmaßnahmen strukturieren Lernabschnitte und geben neue Kraft, im Lernen fortzufahren.

Erlernen und konsequentes Einhalten von Regeln und Ritualen

Die gemeinsame Entwicklung von Regeln (Gespräch, Verhalten, Ordnung) ist hilfreich für das Methodentraining. Rituale geben Sicherheit, strukturieren den Unterrichtsalltag und schaffen Ordnung.

3.5.4 *Lernen lernen* als Lernplan in Grundschule und weiterführender Schule

Lernen lernen trägt dazu bei, sowohl gegenwärtige Lernsituationen zu bewältigen als auch für ein notwendiges lebenslanges Lernen ausgerüstet zu sein.

Der Erwerb von Strategien zum selbstverantwortlich gesteuerten Denken und Lernen bevorzugt offene Lernarrangements und Lernmaterialien, die dazu beitragen, dass Kinder ihre Arbeit selbstständig planen, organisieren und durchführen können. Die Schüler erlernen Methoden, die vielfältig einsetzbar sind und das Lernen in größeren Zusammenhängen schulen. Kreativität beim Lernen soll dabei angebahnt werden. Eigene Lernprozesse werden erfahren, beobachtet und reflektiert. Erkenntnisse daraus beeinflussen das *Lernen lernen* nachhaltig (Kinder als Lernexperten). Eine positive Lernhaltung mit der entsprechenden Methodenkompetenz lässt den Übergang eher gelingen.

Die Fundamente für *Lernen lernen* müssen in der Grundschule gelegt werden, um die Kinder für neue Aufgaben und Herausforderungen auch in weiterführenden Schulen zu befähigen. Strategien zum Denken, Erarbeiten, Kooperieren, Kommunizieren, Präsentieren und Reflektieren werden idealerweise in einem Lernprogramm zusammengefasst, welches sich in Lernspiralen über die vier Grundschuljahre zieht und in der Sekundarstufe Berücksichtigung und Weiterentwicklung erfährt. Das Erstellen eines Lernplans, der zu einer höheren Lerneffizienz führt, sollte dabei vorrangiges Ziel eines Kollegiums sein. Sowohl Schülern, Lehrern als auch Eltern müssen die geschaffenen Strukturen (Methodencurriculum) einsichtig sein.

Der Methodenerwerb in einem Curriculum *Lernen lernen* schult Fähigkeiten und Fertigkeiten der Kinder auf lange, besser lebenslange Sicht und stößt Türen auf, die beim Übergang von der Grundschule in eine weiterführende Schule wichtig sind.

3.6 Hospitationen von Lehrkräften an der Grundschule

Im Folgenden wird kurz eingegangen auf den Aspekt „Ziele und Realisierungsmöglichkeiten von Hospitationen der Gymnasial-, Realschul- oder Haupt- bzw. Mittelschullehrkräfte an Grundschulen". Des Weiteren kommen gegenseitige Unterrichtsmitschauen, insbesondere auch während der Ausbildungsphase, zur Sprache.

Ablauf

„Brücken bauen" – dieser Kerngedanke spielt eine wesentliche Rolle bei Hospitationen von Lehrkräften der weiterführenden Schulen an den Grundschulen. Gut organisiert und institutionalisiert bieten diese Besuche eine wertvolle Möglichkeit, Partnerschaften zwischen den beteiligten Schulen zu initiieren und somit in einen fachlichen und organisatorischen Austausch treten zu können, der wiederum den Kindern, die sich in der Übergangsphase befinden, zugutekommen kann.
Entscheidend in diesem Zusammenhang ist, dass alle weiterführenden Schulen – also Haupt- bzw. Mittelschule, Realschule und Gymnasium – in diesen Austauschprozess eingebunden sind, um einer einseitigen Fokussierung auf eine bestimmte Schullaufbahn entgegenzuwirken.

Die Lehrkräfte der weiterführenden Schulen statten – möglichst gemeinsam mit den jeweiligen Lotsen – den abgebenden Grundschulen einen Besuch ab. Hier verschaffen sie sich u. a. ein Bild über grundschulgemäße Arbeitsweisen, Methoden und Rituale oder erhalten Inspirationen und Ideen für die Klassenzimmergestaltung. Zudem sollte erörtert werden, wie man die Kinder in den letzten Monaten auf die jeweilige weiterführende Schule vorbereiten kann, ohne dass sich dabei die Grundschule als reine „Zubringerschule" zu verstehen hat.

Um bereits den Referendaren und Lehramtsanwärtern einen Einblick in die jeweils andere Schulart zu ermöglichen, können zudem gegenseitige Hospitationen der Seminare institutionalisiert werden. In Form von Unterrichtsmitschauen, bevorzugt in den Jahrgangsstufen 4 und 5, können so wichtige Einblicke in die jeweils andere Schulart gewonnen und somit das „Brückenbauen" bereits in der Ausbildung verankert werden. In sich an die besuchten Unterrichtsstunden anschließenden Nachbesprechungen werden Gemeinsamkeiten und Unterschiede bezüglich des Unterrichts an den verschiedenen Schularten erörtert.

Sämtliche gegenseitige Hospitationen erweitern nicht nur den fachlichen Horizont der einzelnen Kollegen. Vielmehr wird durch den persönlichen Kontakt zwischen den Kollegen der verschiedenen Schularten eine wertvolle Basis für die zukünftige Zusammenarbeit gelegt, was von allen Beteiligten als Bereicherung empfunden werden kann.

Bei der Planung gilt es Folgendes zu beachten:
- Rechtzeitige Terminvereinbarung nötig, da – je nach Einzugsgebiet – sehr viele Grundschulen besucht werden müssen. Damit an der weiterführenden Schule nicht zu viel Unterricht an einem Tag vertreten werden muss, sollten die Hospitationen über einen längeren Zeitraum hinweg stattfinden.
- Unterrichtsstunde an der Grundschule sollte bevorzugt in dem Kernfach stattfinden, in dem der hospitierende Kollege der weiterführenden Schule unterrichtet.
- Anschließende Besprechung:
  - Austausch über schulartspezifische Arbeitsweisen, Klassenzimmergestaltung, Rituale, …
  - Sichtung von Vorlagen von Leistungserhebungen, Lehrwerken, Arbeitsblättern, Heften, …
  - Zeit für Fragen zum Ablauf des jeweiligen Schullebens bzw. der Schulorganisation
  - Grundschullehrkraft, die an der weiterführenden Schule eingesetzt ist, informiert die Grundschulkollegen über mögliche Schwierigkeiten der Schüler in den ersten Monaten an der weiterführenden Schule
  - Diskussion über Möglichkeiten, die Übergangsphase von der Grundschule an die weiterführende Schule zu erleichtern

Übersicht

Zeitrahmen: Mai bis Juli
Ort: Grundschulen
Beteiligte: Lehrkräfte der weiterführenden Schulen (besuchen den Unterricht in den 4. Klassen der zuführenden Grundschulen); Grundschullehrkraft, die an der weiterführenden Schule eingesetzt sind („Lotsen")
Material: Vorlagen von Leistungserhebungen aus dem zweiten Schulhalbjahr der 4. Klasse (Grundschullehrer); Vorlagen von Leistungserhebungen aus dem ersten Schulhalbjahr der 5. Klasse (Lehrkräfte der weiterführenden Schulen); Lehrbücher beider Schularten; Arbeitsblätter
Organisation: 1 Stunde Besuch in der Klasse, anschließend 1 – 2 Stunden Nachbesprechung

3.7 Grundschullehrkräfte an den weiterführenden Schulen

> Im Folgenden werden die Aufgaben und Einsatzmöglichkeiten der an weiterführenden Schulen eingesetzten Grundschullehrkräfte („Lotsen") beschrieben; dabei wird ein Einsatzmodell im Detail dargestellt.

Im Rahmen des vom Bayerischen Staatsministerium für Unterricht und Kultus 2008 auf den Weg gebrachten Projektes „Übergänge gestalten" werden an allen Realschulen und Gymnasien in Bayern Grundschullehrkräfte als sogenannte „Lotsen" in der Übergangsphase eingesetzt. Jeder Lotse hat die Aufgabe, ein Konzept zu entwickeln und durchzuführen, mit dem die Kinder der 5. Klassen in dieser sensiblen Phase ihrer Schullaufbahn bestmöglich unterstützt werden können. Der Einsatz des Lotsen kann dabei an jeder einzelnen Schule anders aussehen und richtet sich nach den speziellen Anforderungen der jeweiligen Schule.

Im Folgenden soll ein Modell – das sogenannte „Marktheidenfelder Modell" (Einsatz einer

ÜBERGÄNGE VORBEREITEN UND BEGLEITEN

Grundschullehrkraft an einem Gymnasium) – vorgestellt werden:

Ablauf des Unterrichtseinsatzes der Lotsin
Organisatorisch läuft der Unterrichtseinsatz folgendermaßen ab: An zwei Tagen pro Woche ist die Lotsin mit sieben Stunden in den Fächern Deutsch, Mathematik und Englisch sowie einer Beratungsstunde am Gymnasium tätig, die restlichen Stunden werden an der Grundschule unterrichtet.

Der Einsatz der Lotsin sollte von Beginn an auf eine enge Zusammenarbeit mit den Kernfachlehrern *aller* 5. Klassen der weiterführenden Schule abzielen. Da die Stundenzahl des Einsatzes jedoch beschränkt bleibt, ist es ratsam, dass sich die Grundschullehrkraft auf eine enge Zusammenarbeit mit den Kernfachlehrern konzentriert (Nicht-Kernfächer könnten bei einer höheren Stundenzahl berücksichtigt werden). Bei der Konzentration auf die Zusammenarbeit mit den Kernfachlehrern bietet es sich an, den fachlichen Schwerpunkt der Tätigkeit innerhalb eines dreiwöchigen Turnus zu wechseln (Woche 1: Team-Teaching mit den Englisch-Fachlehrern; Woche 2: Team-Teaching mit den Mathematik-Fachlehrern, Woche 3: Team-Teaching mit den Deutsch-Fachlehrern).

Die Zusammenarbeit zwischen den am Übergang beteiligten Partnern (Schüler, Eltern, Gymnasiallehrkräfte, Grundschullehrkräfte) besteht beim „Marktheidenfelder Modell" aus drei Schwerpunkten: **Schülerbeobachtung, Team-Teaching und Kooperationsteams** bilden die Grundlagen für einen möglichst reibungslosen Übergang von der Grundschule ins Gymnasium.

1. Schülerbeobachtung – Schülerprofil

Das Kennenlernen der Schüler im Klassenverband steht in den ersten Monaten des Schuljahres im Zentrum der Tätigkeit der Lotsin. Ein Aufgabenschwerpunkt in der Anfangszeit liegt daher in der gezielten Beobachtung der Schüler während des Fachunterrichts. So erhält man bereits zu Schuljahresbeginn einen differenzierten Eindruck bezüglich des Lern-, Arbeits- und Sozialverhaltens einzelner Schüler.

Des Weiteren erhalten die Schüler einen Fragebogen zu Schuljahresbeginn im September (vgl. Abb. 6 und Abb. 7, KV 3 – S. 101/102 bzw. Schuelerfragebogen_zu_Schuljahresbeginn.doc auf CD), in dem u. a. ihr Lern- und Arbeitsverhalten reflektiert wird.

Abb. 6

Abb. 7

Diesem schließt sich ein weiterer Fragebogen zu Beginn des zweiten Halbjahres im März/April an (vgl. Abb. 8, Abb. 9 und Abb. 10, KV 4 – S. 103–105 bzw. Schuelerfragebogen_zu_Beginn_des_zweiten_Halbjahres.doc auf CD), mit dessen Hilfe die Weiterentwicklung des Kindes in der neuen Schule verfolgt werden kann.

Schülerfragebogen zu Beginn des zweiten Halbjahres (1)

Name: ____________________ Klasse: ________

1. Meine Freunde/Freundinnen heißen: ____________________
2. Mein Lieblingsfach ist: ____________________
3. Dieses Fach mag ich nicht: ____________________
4. Diese Fächer fallen mir leicht: ____________________
5. Diese Fächer fallen mir schwer: ____________________
6. Neben folgenden Klassenkameraden kann ich am besten lernen: ____________________
7. Neben folgenden Klassenkameraden kann ich schlecht lernen: ____________________
8. Welche Hausaufgaben ich zu erledigen habe, weiß ich
   - O immer ganz genau
   - O meistens
   - O selten

   Begründe deine Antwort: ____________________
9. Diese Aussagen treffen auf mich zu:
   - O Ich erledige zuerst **alle** schriftlichen Hausaufgaben, dann lerne bzw. wiederhole ich den gelernten Stoff.
   - O Ich erledige zunächst die Arbeiten, die mir schwerfallen, anschließend die, die mir leichtfallen.
   - O Ich lerne jedes Fach extra (zuerst schriftlich, dann mündlich).
   - O Ich lasse den mündlich gelernten Stoff (Vokabeln, Hefteinträge,...) von jemandem abfragen.
   - O Ich erledige meine Hausaufgaben immer allein.
   - O Während meiner Hausaufgaben bin ich häufig abgelenkt durch Musik, Geschwister, ____________________

Abb. 8

Die Eltern können ihr Kind zu Beginn des Schuljahres in einem Formular „So erlebe ich mein Kind“ (siehe Kapitel 3.3.3), bezüglich Hausaufgabenverhalten, Motivation, Einstellung zur Schule etc. charakterisieren. Beobachtungen, Fragebögen und Elterninformationen werden in einem „Schülerprofil“ (siehe Kapitel 3.3.3) ausgewertet, das für jeden Schüler der 5. Klasse angelegt wird. Das Schülerprofil dient bei den sogenannten Kernfachlehrerkonferenzen als Diskussionsbasis und kann im Laufe des Schuljahres die Entwicklung einzelner Schüler deutlich machen.

Schülerfragebogen zu Beginn des zweiten Halbjahres (2)

Name: ____________________ Klasse: ________

10. Für meine schriftlichen Hausaufgaben benötige ich in der Regel:
    - O nicht länger als eine Stunde
    - O zwischen einer und zwei Stunden
    - O länger als zwei Stunden

    ____
11. Für meine mündlichen Hausaufgaben (Vokabeln, Einträge lernen, in Schulbüchern nachlesen) benötige ich in der Regel:
    - O nicht länger als eine Stunde
    - O zwischen einer und zwei Stunden
    - O länger als zwei Stunden
12. Wenn ich einen Hefteintrag lerne, dann:
    - O lese ich mir den Eintrag _____ mal durch
    - O wiederhole ich bei geschlossenem Heft, was ich vom Gelernten noch weiß
    - O lasse ich mich von jemandem abfragen
    - O ____________________
13. Meine Hausaufgaben mache ich:
    - O im eigenen Zimmer
    - O in einem anderen Zimmer (Nenne das Zimmer.): ____________________
14. Meine Hausaufgaben erledige ich:
    - O sofort nach der Schule
    - O nach einer kurzen Pause
    - O am Abend

Abb. 9

Schülerfragebogen zu Beginn des zweiten Halbjahres (3)

Name: ____________________ Klasse: ________

15. Ich wiederhole regelmäßig alte Vokabeln:
    - O ja
    - O nein
16. Vor einer Mathe-/Englisch-Schulaufgabe beginne ich mit dem Lernen:
    - O 1 Tag vorher
    - O 2 Tage vorher
    - O 1 Woche vorher
    - O ____________________
17. Ich weiß immer ganz genau, welche Fächer ich an welchem Tag habe:
    - O ja
    - O nein
18. Meine Büchertasche packe ich täglich selbstständig:
    - O ja
    - O mit Hilfe ____________________
19. Im Schulhaus kenne ich mich sehr gut aus:
    - O ja
    - O diese Räume, Stockwerke möchte ich besser kennenlernen: ____________________
20. So schätze ich mich ein:

    Das kann ich gut/finde ich gut an mir: ____________________

    Das kann ich nicht so gut/finde ich nicht gut an mir: ____________________

Abb. 10

2. Team-Teaching

Eine weitere Säule in der Übergangsphase bilden verschiedene Formen des Team-Teaching. So kann die Lotsin zum einen gemeinsam mit dem Fachlehrer in Deutsch, Mathematik oder Englisch im Klassenzimmer arbeiten, hier für gezielte Fragestellungen einzelner Schüler zur Verfügung stehen, auf Wunsch des Fachlehrers bestimmte Schüler hinsichtlich ihres Arbeits- oder Sozialverhaltens beobachten oder in Gruppenarbeitsphasen Schülerteams betreuen. Zum anderen können Kleingruppen oder einzelne Schüler außerhalb des Klassenzimmers gezielt gefördert werden, indem bestimmter Unterrichtsstoff wiederholt oder gefestigt wird, Leistungserhebungen individuell besprochen oder Übungsphasen abgekoppelt von der Klasse durchgeführt werden.

3. Kooperationen

Die Zusammenarbeit der am Übergang beteiligten Personen (Grundschullehrkräfte der abgebenden Schulen, Lehrkräfte der 5. Klassen, Eltern, Unterstufenbetreuer, Beratungslehrer, Schulpsychologen) kann für die Neulinge an der weiterführenden Schule in vielfacher Hinsicht von Vorteil sein:

a) schulintern

In regelmäßigen Kernfach-Lehrerkonferenzen treffen sich die Kernfachlehrer der jeweiligen 5. Klasse mit der Lotsin, um Probleme einzelner Schüler und notwendige Hilfsmaßnahmen fächerübergreifend zu erörtern. Es bietet sich an, die Kernfachlehrerkonferenz jeder 5. Klasse der jeweiligen weiterführenden Schule in einem vier- bis fünfwöchigen Turnus abzuhalten. Dies ist eine günstige Frequenz, um Entwicklungen einzelner Schüler feststellen und neu bewerten zu können, aber auch um zu überprüfen, ob eingeleitete Hilfsmaßnahmen gefruchtet haben.

b) schulartübergreifend

Um die Zusammenarbeit der Lehrkräfte der verschiedenen Schularten zu intensivieren, bietet sich die Einrichtung einer Kooperationsgruppe „Übergang Grundschule – weiterführende Schulen" an (vgl. 4.1.2). Im November/Dezember besuchen außerdem die Grundschullehrkräfte der abgebenden Grundschulen ihre ehemaligen Schüler im Fachunterricht. Im Gegenzug statten Gymnasiallehrkräfte im Juni den abgebenden Grundschulen einen Besuch ab. So verschaffen sich die Lehrkräfte ein Bild über Arbeitsweisen der jeweils anderen Schulart. Sogenannte Experten (Schüler der 5. Klassen) geben am Informationsabend für Schüler der 4. Klassen im März sowie im Rahmen von Unterrichtsbesuchen an den Grundschulen im Juni (vgl. Kapitel 4.1.1) Auskunft über Unterricht und Schulleben an der weiterführenden Schule.

Positive Erfahrungen

- Gegenseitige Vorurteile werden abgebaut.
- Team-Teaching bringt viele neue Erkenntnisse hinsichtlich der Unterschiede in der Methodik sowie der Inhalte (vorhandene Brüche werden erkennbar) und der Umsetzung der Lehrpläne.
- Bei gleichzeitiger Anwesenheit beider Lehrer im Unterricht: verbesserte Rückmeldung für Schüler z. B. bei der Heft- und Hausaufgabenkontrolle; Schüler fühlen sich besser wahrgenommen, intensivere Schülerbeobachtungen werden möglich (wichtig gerade für Problemfälle).
- Deutliche Verbesserung der individuellen Förderung, mehr Differenzierungsmöglichkeiten z. B. durch kleinere Gruppen, Klassenteilung und Stützkurse für schwache Schüler am Nachmittag, mehr Raum für offene Unterrichtsformen; dies verbessert auch das Lehrer-Schüler-Verhältnis. Die hohe Prognosesicherheit der schriftlichen Beurteilung aus den Grundschulzeugnissen wird gewürdigt.
- Rechtschreib- und Methodentraining werden als zusätzliche Kurse angeboten.
- Korrekturarbeit wird geteilt (Entlastung der Gymnasiallehrkraft).
- GS-Materialien werden erfolgreich in den Unterricht eingebaut.
- Sprechstunde für Kinder, Lehrer, Eltern; Grundschullehrkraft als vertrauensvoller Ansprechpartner hat sich bewährt.

Anfangs als ungewohnt empfunden, dann zunehmend positiv bewertet:

- Die Variabilität im Einsatz und mögliche Orientierung an der jeweiligen Schulsituation.
- „Runder Tisch" aus Grundschul- und Gymnasiallehrkräften wird an einer Schule sehr erfolgreich praktiziert Der Einblick in die Unterrichts- und Schulorganisation eines Gymnasiums hilft den Grundschullehrern, die Grundschüler besser auf den Übergang vorzubereiten.

Negative Erfahrungen
- Erfahrungsweitergabe an das Gesamtkollegium ist noch mangelhaft.
- Der Einsatz in den einzelnen Klassen ist zu gering (1 Stunde pro 5. Klasse bei Team-Teaching in mehreren Klassen zu wenig).
- Häufig sind private Treffen zum Austausch und zur Vorbereitung des gemeinsamen Unterrichts notwendig, da während der Schulzeit zu wenig Zeit ist; dies führt zu einer deutlichen Mehrbelastung, die auf Kosten der Akzeptanz dieses Projekts geht.
- Die Beratungsstunde wird von Eltern kaum wahrgenommen, obwohl der Grundschullehrer ausreichend vorgestellt wurde (schriftlich, persönliche Vorstellung, ...). Offensichtlich wird die Fachkompetenz der Grundschullehrkraft für gymnasiale Fragestellungen von Elternseite aus nicht ausreichend hoch bewertet.
- Für zusätzliche Kurse außerhalb der Unterrichtszeit, die von der Grundschullehrkraft angeboten werden, ist es schwierig, Schüleranmeldungen zu bekommen.
- Der Rücklauf zur Grundschule fehlt; eine Reihe von Grundschullehrkräften ist ausschließlich am Gymnasium tätig, wodurch der Kontakt zur Grundschule verloren geht.
- Team-Teaching ist teilweise schwierig, da ungewohnt.
- Voraussetzungen der Grundschullehrkräfte sind unterschiedlich.

Zur Arbeit der Grundschullehrkräfte an weiterführenden Schulen vgl.: http://www.uebergaengegestalten.de/504.html

3.8 Gemeinsame Konferenzen

> Im Folgenden geht es um die Institutionalisierung schulartübergreifender Konferenzen. Diese können im Hinblick auf zwei Zielsetzungen abgehalten werden: um den fachlichen Austausch anzukurbeln oder um organisatorische Fragen bezüglich der Übergangsphase zu regeln.

Gemeinsame Konferenzen können als wertvolles Forum des didaktisch-methodischen, des organisatorischen, aber auch des persönlichen Austauschs zwischen den Lehrkräften der verschiedenen Schulen fungieren. Damit diese Konferenzen möglichst nachhaltig wirken, ist ein regelmäßiger Austausch mit einem festen Teilnehmerkreis von Kollegen der verschiedenen Schularten wünschenswert. Zwei Zielsetzungen können mit diesen regelmäßigen Treffen verbunden werden:

Fachlicher Austausch
In einem festen Teilnehmerkreis kann pro Schuljahr ein Unterrichtsfach als Schwerpunkt herausgegriffen und dieses aus der Sicht der verschiedenen Schularten beleuchtet werden. Sinnvoll erscheint es freilich, Unterrichtspraxis und -theorie mit einzubeziehen, sodass sich folgende Arbeitsschwerpunkte über das gesamte Schuljahr ergeben:
- Unterrichtsmitschauen
- Vergleich von Lehrplänen der verschiedenen Schularten
- Vergleich von Lehrwerken
- Vergleich von Leistungserhebungen

Organisatorischer Austausch
Damit den Schülern der Übergang in die weiterführende Schule erleichtert werden kann, ist es selbstverständlich nötig, dass Vertreter der beteiligten Schularten auch auf organisatorischer Ebene zusammenarbeiten. Regelmäßige Treffen, in denen Veranstaltungen zum Zweck des Übergangs geplant und koordiniert werden, stellen diese Zusammenarbeit auf eine solide Basis. Sind diese Treffen erst einmal institutionalisiert, entsteht ein verlässlicher Automatismus, wodurch diese Kooperationsgruppe als Forum der Reflexion und Organisation der Übergangsphase etabliert werden kann.

Selbstverständlich müssen die Inhalte dieser Konferenzen auf die jeweiligen örtlichen und organisatorischen Gegebenheiten der einzelnen Schulen ausgerichtet sein. Die unten abgebildeten Einladungsschreiben mit inhaltlichen Schwerpunkten sollen daher nur Möglichkeiten aufzeigen und Beispiel für Fragen sein, die bei diesen organisatorischen Konferenzen geklärt werden können.

Einladung zum Halbjahresbeginn (vgl. Abb. 11, KV 5 – S. 106 bzw. Einladung_zum_Kooperationstreffen_I.doc auf CD)

Einladung zum Kooperationstreffen I

________________, ____________

Liebe Kolleginnen und Kollegen,

unser geplantes Kooperationstreffen zum Thema „Übergang Grundschule – weiterführende Schulen“ findet am ____________ im/in ______________________statt. Wir treffen uns um ____________ Uhr in ______________________.

Bei unserem Treffen wollen wir folgende Punkte besprechen:

1. Ablauf des Informationsabends im/in ______________________ für die Grundschulkinder am ____________.
2. Besprechung der Expertenbesuche (Schüler der 5. Jahrgangsstufe besuchen ihre ehemalige Grundschule – konkrete Terminvorschläge wären hilfreich.)
3. Besprechung der Kollegenbesuche (Lehrer der weiterführenden Schulen besuchen die zuführenden Grundschulen im Mai/Juni/Juli – konkrete Terminvorschläge der Grundschulen wären hilfreich.)
4. Erstellung allgemeiner Schülerprofile (Hauptschulkind, Realschulkind, Gymnasiast); Intention: zielgerichtete Zuweisungsempfehlung für Grundschüler
5. Fachspezifisches

Es wäre schön, wenn Sie uns bis ____________ mitteilen könnten, ob ein Vertreter Ihrer Schule an unserem Kooperationstreffen teilnehmen kann.

Mit freundlichen Grüßen

Abb. 11

Einladung zum Schuljahresende (vgl. Abb. 12, KV 6 – S. 107 bzw. Einladung_zum_Kooperationstreffen_II.doc auf CD)

Einladung zum Kooperationstreffen II

________________, ____________

Liebe Kolleginnen und Kollegen,

unser geplantes Kooperationstreffen zum Thema „Übergang Grundschule – weiterführende Schulen“ findet am ____________ im/in ______________________statt. Wir treffen uns um ____________ Uhr in ______________________.

Bei unserem Treffen wollen wir folgende Punkte besprechen:

1. Reflexion der Expertenbesuche (Schüler der 5. Jahrgangsstufen an ihren ehemaligen Grundschulen)
2. Reflexion der Kollegenbesuche (Lehrer der weiterführenden Schulen an den zuführenden Grundschulen)
3. Fachspezifisches

Es wäre schön, wenn Sie uns bis ____________ mitteilen könnten, ob ein Vertreter Ihrer Schule an unserem Kooperationstreffen teilnehmen kann.

Mit freundlichen Grüßen

Abb. 12

3.9 Die Kernfächer im Blick

Jedem angehenden Lehrer begegnet während seiner Ausbildung, meist schon im Studium, spätestens im Referendariat, der pädagogische Grundsatz „Man muss die Kinder dort abholen, wo sie stehen“. Unabdingbare Voraussetzung dafür sind fundierte Informationen über bereits erworbene und dauerhaft zu erwartende Kenntnisse, Fähigkeiten und Fertigkeiten der Schüler unter Zugrundelegung des jeweils geltenden Lehrplans sowie moderner methodisch-didaktischer Erkenntnisse. Innerhalb der jeweiligen Schulart wird jede Lehrkraft in diesem Sinne gezielt ausgebildet, nicht jedoch hinsichtlich des Übergangs zwischen den Schularten, insbesondere nicht in Bezug auf den besonders im Fokus stehenden Übergang von der Grundschule in die weiterführende Schule. Im Folgenden werden die drei Kernfächer Deutsch, Englisch und Mathematik jeweils unter diesem Aspekt genauer betrachtet, um so zu verdeutlichen, was in den einzelnen Fächern für einen erfolgreichen Übergang wesentlich ist.

3.9.1 Deutsch

Übergang im Fach Deutsch
Einen besonderen Stellenwert im schulischen Fächerkanon besitzt das Fach Deutsch. Seine Bedeutung für den schulischen Weg der Heranwachsenden kann nicht hoch genug eingeschätzt werden – insbesondere in einer Zeit, in der erfreulicherweise mehr Kinder von Eltern nach einem höheren Bildungsabschluss streben, die selbst entweder keinen höheren Schulabschluss aufweisen oder die der deutschen Sprache nur teilweise mächtig sind (Migrationshintergrund). Der Lehrplan im Fach Deutsch schließt in der weiterführenden Schule im Allgemeinen nahtlos an das in den Grundschulen Gelernte an, da in der 5. Klasse in vielen Teilbereichen der Stoff des Vorjahres wieder aufgegriffen wird.

Fächerübergreifende Zusammenarbeit
Ein wesentlicher Unterschied zum Unterricht in den Grundschulen besteht allerdings darin, dass an den weiterführenden Schulen das Fachlehrerprinzip vorherrscht, das beinhaltet, dass z. B. der Deutschlehrer in einer Klasse oft ausschließlich dieses Fach unterrichtet und somit fächerübergreifende Verweise seltener sind. Das heißt, dass oft eine Verzahnung fehlt. Hier gilt es entgegenzuwirken, z. B. durch fächerübergreifende Zusam-

menarbeit der unterschiedlichen Lehrkräfte. In diesem Bereich besteht an den weiterführenden Schulen noch erheblicher Handlungsbedarf. So sollten beispielsweise Probleme in den Fremdsprachen dadurch gemindert werden, dass eine zeitliche Koordination der Sprachenlehrer z. B. hinsichtlich der grammatikalischen Inhalte erfolgt. Da diese in den Fremdsprachen an die jeweiligen Abschnitte des Lehrbuchs gebunden sind, die Deutschlehrer dabei jedoch keinem terminlichen Korsett unterliegen, sollten insbesondere in den ersten Jahren der weiterführenden Schulen die Fremdsprachenlehrer den Deutschkollegen in (Halb-)Jahresplänen mitteilen, wann welche Inhalte unterrichtet werden, sodass diese zeitgleich in beiden Fächern – und damit weitaus nachhaltiger als bei einem separierten Vorgehen – gelehrt werden können.

Auch zwischen naturwissenschaftlichen Fächern und dem Fach Deutsch muss die Zusammenarbeit intensiviert werden, lassen sich doch z. B. das Beschreiben von Versuchsanordnungen (Natur und Technik) sehr gut mit den Inhalten des Deutschunterrichts kombinieren.

Verbindliche Intensivierungsstunden im Fach Deutsch für Kinder mit besonderem Förderbedarf
Der Bedeutung der deutschen Sprache für das Verstehen der Inhalte aller anderen Fächer wird in den ersten Jahren der weiterführenden Schulen nicht immer in entsprechender Weise Rechnung getragen. Als unbedingt erforderlich erscheint, dass die weiterführenden Schulen für Kinder und Jugendliche aus bildungsfernen bzw. nicht deutschsprachigen Familien Zusatz- bzw. Intensivierungsstunden verpflichtend einrichten, in denen die Schüler in Kleingruppen die Defizite reduzieren. Korrektes Sprechen, (Vor-)Lesen und Schreiben der deutschen Sprache, das Verstehen der grammatikalischen Strukturen sowie das Verbessern des Textverständnisses (auch von Sachtexten) bilden hier zentrale Bausteine. Nicht selten liegen die Gründe für unzureichende Leistungen in natur- oder gesellschaftswissenschaftlichen Fächern in einem mangelnden Verständnis der deutschen Sprache, das die möglicherweise vorliegende Begabung gar nicht wirksam werden lässt.

> Im Folgenden werden Hinweise zu den einzelnen Inhalten des Unterrichtsfachs Deutsch an der weiterführenden Schule (am Beispiel Gymnasium in Bayern) gegeben. Diese Aufschlüsselung ist exemplarisch und im Wesentlichen auch gültig für alle anderen Formen der weiterführenden Schule sowie für die anderen Bundesländer.

Wie in der 4. Klasse der Grundschule bilden auch in den Jahrgangsstufen 5 und 6 der weiterführenden Schulen die Themen „Sprechen und Gespräche", „Texte verfassen", „Sprachverständnis", „Rechtschreibung und Zeichensetzung" sowie „Lesen und Vortragen von Texten" Schwerpunkte des Deutschunterrichts. Eine Gewichtung erfolgt allerdings durch die Bestimmungen zur Notenbildung: Die Durchschnittsnote der vier Klassenarbeiten („große Leistungsnachweise") wird doppelt gegenüber der Durchschnittsnote aller übrigen Leistungen („kleine Leistungsnachweise") gewertet. Da die großen Leistungsnachweise meist ausschließlich als themengebundene Aufsätze erbracht werden, besitzt Schreiben in allen Jahrgangsstufen der weiterführenden Schulen einen zentralen Stellenwert. Dementsprechend muss es intensiv eingeübt werden. Um die Schüler an diese neue Prüfungsform mit fester Arbeitszeit und eng begrenzter Aufgabenstellung heranzuführen, ist das Abhalten von nicht bewerteten Probeklassenarbeiten (sog. „nullte Klassenarbeit") dringend zu empfehlen.

Schreiben
In der 5. und 6. Jahrgangsstufe des Gymnasiums greift die Schreib- und Aufsatzerziehung bekannte Grundformen aus dem Deutschunterricht der Grundschule auf, erweitert und vertieft sie. Gestalterisches Schreiben (Formen des Erzählens) und informierendes Schreiben (Berichten, Beschreiben, auch einfache Formen der Vorgangsbeschreibung), die die Kinder bereits kennen, werden mittels einer „Methodik des Schreibens" weiterentwickelt: Sie lernen z. B., Stichwortzettel und Schreibpläne zu erstellen, einen Aufsatz stringent aufzubauen, typische stilistische Formen bewusst einzusetzen, und sie erweitern ihre inhaltlichen und sprachlichen Fähigkeiten, um

Texte wirkungsvoll zu gestalten. Viel stärker als in den früheren Jahren erfolgt jetzt das Lernen exemplarisch.

Ein deutlich höheres Gewicht besitzt im Bereich der Aufsatzerziehung und -bewertung im Gymnasium die sprachliche Richtigkeit. Dabei geht der Lehrer davon aus, dass grundlegende und in den Vorjahren erlernte Rechtschreib- und Zeichensetzungsbestimmungen korrekt angewendet werden können. Treten überdurchschnittlich viele orthografische Fehler auf, wird er die Note herabsetzen.

Zudem müssen die Schüler lernen, Texte gleich in Reinschrift zu verfassen. Deshalb müssen geeignete Strategien gefunden werden, die es ermöglichen, notwendige Ergänzungen anzufügen, Fehlerhaftes zu verbessern und die Prüfungsarbeit dennoch sauber zu gestalten.

Rechtschreibung und Zeichensetzung

Im Bereich der Rechtschreibung klaffen die didaktischen Überzeugungen und das Selbstverständnis der Grundschullehrkräfte sowie die Erwartungen der Lehrer an den weiterführenden Schulen häufig weit auseinander. Diese gehen von einem sicheren Beherrschen des Grundwortschatzes aus, stellen aber häufig fest, dass bei den Heranwachsenden teilweise noch größere Defizite vorliegen. Allerdings kommt es auch vor, dass Schüler, die in der Grundschule die Rechtschreibung recht sicher beherrschen, in der weiterführenden Schule – vielleicht durch den Einfluss der Fremdsprache (Interferenz) – mit bisweilen nicht unerheblichen Schwierigkeiten zu kämpfen haben, dass also die Festigung nicht so intensiv erfolgte.

Die Lehrer der weiterführenden Schulen beklagen oft, dass sie nicht ausreichend Zeit haben, um diese Lücken zu schließen. Um dabei eine nachhaltige Verbesserung zu erzielen, ist der verstärkte Einsatz von Schülern und Erziehern notwendig: Unterrichtliche Fördermaßnahmen sollten unbedingt durch häusliches Üben unterstützt und ergänzt werden. Das Rechtschreibtraining ist umso effektiver, je stärker es auf den Leistungsstand und auf die individuellen Fehlerschwerpunkte des einzelnen Kindes abgestimmt ist, wobei grundsätzlich die an sich banale Aussage gilt: Rechtschrift (korrektes Schreiben) lernt es durch korrektes Schreiben. Je vielfältiger dabei die Methoden sind, die Anwendung finden, umso abwechslungsreicher erscheint dem Schüler das Üben und umso höher ist die Effektivität.

Text- oder computergestützte Lernprogramme und Übungen

Es gibt eine Vielzahl von Lernprogrammen zur Orthografie, die sinnvoll aufgebaut sind und die Rechtschreibung nachhaltig trainieren. Außerdem finden sich z. B. Einsetzübungen zu bestimmten Bereichen der Rechtschreibung (Groß-/Kleinschreibung, „s"-Laut, Dehnung usw.) auch in den Deutsch- bzw. Sprachbüchern. Sie können allerdings auch selbst erstellt werden, indem man in (kopierten) Texten beispielsweise Anfangsbuchstaben, „s"-Laute usw. mit „Tippex" überklebt. Der Schüler schreibt alle veränderten Wörter auf ein Blatt (und bestimmt bei der Groß-/Kleinschreibung die Wortart). Auch weitere spielerische Formen und Rätsel (Kreuzwort-, Silbenrätsel usw.) bringen Abwechslung und erhöhen die Motivation. Wichtig erscheint dabei vor allem, dass das Kind immer wieder nicht nur einzelne Buchstaben, sondern ganze Wörter auch handschriftlich festhält.

Lernkarteikasten und -plakate

In einem ersten Schritt notiert der Schüler alle individuellen Fehlerwörter richtig auf je einer Karteikarte oder in einem Wörterheft und übt die Rechtschreibung dieser Wörter immer wieder (Wortdiktat). Dabei wird jedes fehlerfrei geschriebene Wort abgehakt oder im Karteikasten in ein anderes Fach gesteckt. Diejenigen Wörter, die dreimal hintereinander fehlerfrei geschrieben wurden, fallen aus dem aktuellen Trainingsprogramm heraus und werden etwa alle vier Wochen wiederholt. Eine überschaubare Anzahl von Begriffen, die scheinbar überhaupt nicht in den Kopf wollen und die aber häufiger vorkommen (z. B. „Appetit"), können auf einem Lernplakat festgehalten werden, das in Schreibtischnähe aufgehängt wird (visuelles Lernen).

Fehlerfreies Schreiben von ganzen Texten

Der Sinn von Diktaten im klassischen Sinn, von reinen Abschreibübungen und von der Verbesserung von Fehlertexten mag umstritten sein, dennoch kommt diesen Trainingsformen eine wichtige Bedeutung zu, da sie u. a. das längere Konzentrieren des Heranwachsenden auf einen Text (wie bei komplexeren Leistungserhebungen) übt.

Lesen und über Gelesenes sprechen

Das Lesen von Sach- und Jugendbüchern ist in der ausgehenden Kindheitsphase besonders wichtig. Oft sind Eltern der Meinung, dass dadurch die Rechtschrift gesichert wird, was aber zumindest nicht primär geschieht, da der Schüler viel stärker am Inhalt des Textes als an der Abfolge der Buchstaben interessiert ist. Je stärker es ihn in Bann zieht, umso besser ist es! Allerdings erweitert der Lesestoff die Vorstellungswelt des Kindes, es setzt sich mit neuen Welten und Handlungsweisen auseinander und lernt neue Denkmuster kennen. So ganz nebenbei erweitert das Kind seinen Wortschatz und adaptiert in vereinfachten Formen sprachliche Muster, die dazu beitragen, dass seine Ausdrucksweise interessanter und vielfältiger wird. Wenn Eltern sich zudem von ihrem Kind erzählen lassen, wie die Handlung verläuft, gezielt nachfragen, Textbeispiele laut vorlesen und unklare Begriffe in Wörterbüchern nachschlagen lassen, wird der Lernerfolg immens erhöht.

Grammatik und Sprachbetrachtung

Wie bei der Rechtschreibung setzt im Bereich der Grammatik der Deutschlehrer der weiterführenden Schule konkretes Sachwissen bei den Schülern voraus. Sie müssen wichtige Wortarten, Satzglieder und Zeitstufen kennen und bestimmen können und dabei die lateinischen Fachtermini beherrschen. Die Unterscheidung zwischen Wortarten und Satzgliedern ist dabei zunächst nicht einfach, aber Voraussetzung zum Verständnis des Deutschen wie der Fremdsprachen. Das Erlernen der lateinischen Fachausdrücke – der Grundbestand der Grundschule wird im Gymnasium rasch erweitert – kann z. B. durch Karteikarten oder durch ein selbst erstelltes Memory® (jeweils der deutsche und der lateinische Fachausdruck bilden ein Paar) unterstützt werden.

Tipps und Tricks für Schüler auf einen Blick:

1. Aufsatz:
▶ Ich überlege den sinnvollen Aufbau und achte auf die besonderen Kennzeichen der Aufsatzform.
▶ Ich achte auch auf eine ordentliche äußere Form und insbesondere auf die Rechtschreibung und Zeichensetzung. Hierzu ist es erforderlich, dass ich am Ende noch genügend Zeit habe (ca. zehn Minuten), um den Text mehrmals konzentriert durchzulesen und Fehler zu verbessern.

2. Sichere Rechtschreibung und Zeichensetzung:
▶ Durch Lernprogramme, -karteikasten, -plakate und spielerische Aufgabenformen lerne ich, einzelne Wörter richtig zu schreiben. Dabei schreibe ich das vollständige Wort handschriftlich.
▶ Das fehlerfreie Schreiben von Texten sichert die Rechtschrift nachhaltig.

3. Lesen und über Gelesenes sprechen:
▶ Ich lese interessante und spannende Sach- und Jugendbücher.
▶ Ich spreche mit meinen Eltern über die Handlung, lese ihnen vor und schlage unbekannte Begriffe nach.

4. Grammatik und Sprachbetrachtung:
▶ Ich beherrsche die in der Grundschule gelernten Wortarten, Satzglieder und Zeitstufen.
▶ Ich bin sicher in der Verwendung der lateinischen Fachausdrücke.

3.9.2 Mathematik

Übergänge gestalten

Lange Zeit wurde der „Blick über den Tellerrand" auch von der weiterführenden Schule zur Grundschule fast schon sträflich vernachlässigt und sehr zu begrüßende Initiativen erfolgten lediglich vereinzelt durch das pädagogische Engagement einiger weniger Lehrkräfte. Hier hat sich erfreulicherweise in den letzten Jahren viel bewegt, gerade auch im Fach Mathematik. Ein wesentlicher Aspekt ist dabei die Dokumentation und Berücksichtigung von Grundschulvorwissen.

Parallel zu diesen Entwicklungen entstanden in den Bundesländern einzelne Projekte, z. B. in Bayern sog. „Kleeblätter" speziell auch für das Fach Mathematik (vgl. Kapitel 4.1.3), die insbesondere als Forum für den Gedankenaustausch sowie die Kommunikation zwischen Grundschullehrkräften und Lehrkräften der weiterführenden

Schulen dienen. Als erfolgreich haben sich auch Modelle wie der Einsatz von Grundschullehrkräften an den weiterführenden Schulen (z. B. als sogenannte Lotsen) erwiesen – ebenfalls mit dem Ziel einer weitergehenden Intensivierung des Dialogs zwischen den beteiligten Schularten. Zu wünschen wäre, dass die regional doch noch sehr unterschiedlich ausgeprägte Zusammenarbeit zwischen Grundschullehrkräften und Lehrkräften der weiterführenden Schulen auf eine solide Basis gestellt wird. Zwingend erforderlich ist hierbei, dass diese Thematik Eingang in die fachdidaktische Ausbildung des Lehrernachwuchses an den Universitäten und in die Fachseminare an den Seminarschulen findet.

Ziel und Anspruch

Die weiterführende Schule kann gemäß der Lehrpläne im Fach Mathematik auf Lesen, Schreiben und Rechnen als Kulturtechniken zurückgreifen sowie auf Wissen, Handlungsmustern und Verfahrensweisen, Einsichten und Verstehen sowie Wertorientierungen aufbauen. Schon diese exemplarisch herausgegriffenen Elemente des Bildungs- und Erziehungsauftrags der Grundschule verdeutlichen, dass sich der Lehrer der weiterführenden Schule in Theorie und Praxis mit den Grundlagen der ihm anvertrauten Schüler auseinandersetzen muss.

Methodische Aspekte

Das Fachprofil Mathematik für die Grundschule sieht vor, dass sich systematisch-aufbauendes Lernen und das Arbeiten in offenen Unterrichtsformen ergänzen. Je nach Lerngegenstand kommen unterschiedliche Methoden und vielfältige Medien zum Einsatz (z. B. Freiarbeit, Wochenplan, Lernzirkel, Lernspiele, Computer, Lernwerkstatt). Außerdem ist enthalten, dass die Schüler zunehmend Lern- und Arbeitsmaterialien auch selbst (z. B. Sachrechenkarten) erstellen. Durchaus selbstkritisch muss an dieser Stelle festgestellt werden, dass den Schülern diese Methodenvielfalt nach dem Übertritt an die weiterführende Schule eher nur mehr eingeschränkt begegnet. So herrscht dort eher ein stark lehrerzentrierter fragend-entwickelnder Unterricht vor, dessen für sich alleine durchaus berechtigter Stellenwert hier nicht geschmälert werden soll. So werden sehr häufig, auch im Sinne einer falsch verstandenen Disziplinierung, positiv und aktiv ausgerichtete Schüler in eine zunehmend passive und rezeptive Konsumentenhaltung gezwungen.

Die Pflicht und Notwendigkeit zur Weiterentwicklung der an den weiterführenden Schulen praktizierten Methodik verdeutlicht exemplarisch auch der Vergleich mit dem (theoretischen) Anspruch des Faches Mathematik gemäß Fachprofil Mathematik des Gymnasiums in Bayern: „Gleichzeitig kommt der Variation von Unterrichtsmethoden unter Einbeziehung offener Unterrichtsformen große Bedeutung zu. Entdeckendes, experimentelles Herangehen an Problemstellungen und die Förderung der selbständigen Beschäftigung von Schülern mit Mathematik tragen zum Erreichen der Bildungsziele des Gymnasiums bei."

Inhaltsübersichten

Die Lehrpläne im Fach Mathematik für die Jahrgangsstufe 5 greifen die Inhaltsbereiche der Grundschule auf. Die Vorkenntnisse der Schüler werden wiederholt, zusammen- und weitergeführt sowie vertieft. Dies geschieht bei vergleichsweise höherer Progression und zunehmender fachwissenschaftlicher Präzisierung auf sich altersgemäß weiterentwickelndem Abstraktionsniveau.

> Im Folgenden werden ausgehend von den vier Themensträngen des Lehrplans für das Gymnasium in Bayern wesentliche Inhalte der Jahrgangsstufe 5 unter Bezug auf die Vorkenntnisse aus der Grundschule auch anhand von Beispielen oder Aufgaben illustriert. Diese Aufschlüsselung ist exemplarisch und im Wesentlichen auch gültig für alle anderen Formen der weiterführenden Schule sowie für die anderen Bundesländer.

Themenstrang Zahlen

Der Themenstrang Zahlen nimmt in Jahrgangsstufe 5 einen breiten Raum ein und greift die Inhaltsbereiche der Grundschule auf.

In der Grundschule haben die Kinder gemäß Lehrplan die natürlichen Zahlen bis 1 000 000 kennengelernt und damit gearbeitet. Dieser **Zahlenraum** wird in der höheren Schule mindestens bis zur Billion erweitert. Nutzbar sind hierbei die als bekannt vorauszusetzende Stellenwerttafel sowie die unterschiedlichen Schreibweisen für natürliche Zahlen. Als Beispiel sei angeführt: 7 HT 3 T 8 Z 1 E = 703 081.

Frühere Ansätze am Gymnasium in Bayern, dieses Vorwissen nicht aufzugreifen und beispielsweise über eine allgemeine Betrachtung von Kardinal- und Ordinalzahlen die Menge der natürlichen Zahlen gewissermaßen neu zu definieren (vgl. Peano-Axiome), kommen erfreulicherweise nach der Lehrplanumstellung nicht mehr vor.

Aus der Grundschule bekannt sind ferner die üblichen Rundungsregeln und die Veranschaulichung natürlicher Zahlen am Zahlenstrahl, der nicht notwendigerweise bei der Null beginnt.

Hinsichtlich der **Teilbarkeit** natürlicher Zahlen lernen die Kinder bereits in Jahrgangsstufe 3, Teiler und Vielfache anzugeben. Als zusätzlichen, nicht verbindlichen Lerninhalt gibt der Lehrplan der Grundschule in Bayern das Entdecken und Finden der Regeln zur Teilbarkeit mit 2, 5 und 10, für leistungsstärkere Schüler in Jahrgangsstufe 4 die Regeln für 4, 8, 9 und 3. Somit ist an der weiterführenden Schule sorgfältig zu prüfen, inwieweit Vorkenntnisse aus der Grundschule mitgebracht werden. Darüber hinaus ist zu konstatieren, dass auch der Lehrplan am Gymnasium eine Herleitung der entsprechenden Teilbarkeitsregeln nicht zwingend vorschreibt.

Anmerkungen zu den vier Grundrechenarten:

Bezüglich der Addition wird folgendes Beispiel als zu erreichende Endform genannt:

```
    3 2 7
  + 2 5 7
        1
  -------
    5 8 4
```

An der weiterführenden Schule kann man davon ausgehen, dass diese Technik in der Form des „Untereinanderrechnens" auch bei mehreren Summanden und höherer Stellenzahl sicher beherrscht wird.

In der Grundschule ist das Richtverfahren für die schriftliche Subtraktion das Abziehverfahren.

Abziehverfahren:

$$\begin{array}{r} {}^{7}\,{}^{4}\, \\ 8\,5\,3 \\ -\,2\,7\,6 \\ \hline 5\,7\,7 \end{array}$$

3 minus 6 geht nicht;
eins herüber bleibt 4;
13 minus 6 gleich 7;
4 minus 7 geht nicht;
eins herüber bleibt 7;
14 minus 7 gleich 7;
7 minus 2 gleich 5

$$\begin{array}{r} {}^{5}\,{}^{9}\, \\ 6\,0\,3 \\ -\,3\,7\,5 \\ \hline 2\,2\,8 \end{array}$$

3 minus 5 geht nicht;
eins herüber bleibt 59;
13 minus 5 gleich 8;
9 minus 7 gleich 2;
5 minus 3 gleich 2

In Einzelfällen können die Schüler im Sinne des individualisierenden Lernens auch nach dem Ergänzungsverfahren subtrahieren.

Ergänzungsverfahren:

$$\begin{array}{r} 8\,5\,3 \\ -\,2_{1}\,7_{1}\,6 \\ \hline 5\,7\,7 \end{array}$$

6 plus 7 gleich 13;
7 an, eins gemerkt;
8 plus 7 gleich 15;
7 an, eins gemerkt;
3 plus 5 gleich 8;
5 an

Insbesondere in Bezug auf das in der Praxis durch die Schüler verwendete Verfahren zur schriftlichen Subtraktion ergibt sich in der 5. Klasse oftmals ein sehr heterogenes Bild. An vielen Grundschulen wird gemäß Lehrplan das Abziehverfahren als Richtverfahren gelehrt, an nicht wenigen Grundschulen wird jedoch nur am traditionellen Ergänzungsverfahren festgehalten. Aufgabe der Lehrkraft an der weiterführenden Schule sollte es sein, darauf ggf. flexibel zu reagieren und etwa das jeweils individuell gelernte Verfahren zu tolerieren. Eine wie auch schon (leider) beobachtete Vereinheitlichung auf das beispielsweise von der Lehrkraft favorisierte Verfahren sollte jedenfalls aus pädagogischen Gründen vermieden werden.

In der Verbindung der beiden Strichrechenarten kann man davon ausgehen, dass die Schüler am Ende von Jahrgangsstufe 4 auch folgende komplexere Rechnung (in der Regel in Nebenrechnungen untereinander) sicher ausführen:

259382 − 46289 − 35733

In der Grundschule soll das Verfahren der Multiplikation mit ein- und zweistelligem Faktor entwickelt, begründet und beherrscht werden:

```
  3 6 4 · 3 5
  ---------
    1 0 9 2
    1₁8 2 0
  ---------
  1 2 7 4 0
```

ÜBERGÄNGE VORBEREITEN UND BEGLEITEN

Aber auch folgende Aufgabe sollte einem Viertklässler keine Probleme bereiten: 5839 · 83

Alle Grundschüler sollen das Verfahren zur schriftlichen Division mit einem Divisor bis 20 entwickeln, begründen und beherrschen. Nur bei leistungsstärkeren Schülern soll als zusätzlicher, nicht verbindlicher Lerninhalt zweistellige Divisoren größer als 20 und auch dreistellige Divisoren angesprochen werden.

Beispiel mit einstelligem Divisor:

```
  6 7 5 9 : 9 = 7 5 1
- 6 3
  ─────
      4 5
    - 4 5
      ─────
            9
          - 9
          ───
            0
```

Beispiel mit zweistelligem Divisor, mit Übertrag:

```
  3 0 6 4 8 : 1 2 = 2 5 5 4
- 2 4
  ─────
      6 6
    - 6 0
      ─────
          6 4
        - 6 0
          ─────
              4 8
            - 4 8
              ───
                0
```

Aufgaben, in denen ggf. auch mehrere Grundrechenarten gleichzeitig vertreten sind, werden ggf. auch in der Grundschule behandelt. Eine solche eher anspruchsvolle Aufgabe mit schon stark gymnasialem Anspruch ist im Folgenden wiedergegeben:

Wie heißt die größte Zahl, die du einsetzen darfst? Rechne.

38 · 14 + ☐ < 5877 : 9

Komplexere Termstrukturen, ggf. auch mit Klammern, werden erst ab Jahrgangsstufe 5 behandelt.

In der Grundschule werden **Gleichungen**, die etwa im Zusammenhang mit Textaufgaben auftreten, durch Anwenden der sog. „Umkehraufgaben" unmittelbar gelöst, wobei in der Regel auf das explizite Aufstellen der zugrundeliegenden Gleichung verzichtet wird.

„Wenn ich von meiner Zahl 163 abziehe, erhalte ich 455."

Die Lösung erfolgt in der Regel unmittelbar über die Rechnung 455 + 163.

In Jahrgangsstufe 4 schreibt der Lehrplan der Grundschule bei der Verbindung der Grundrechenarten das Lösen von Gleichungen vor und gibt als Hinweis für den Unterricht folgendes, sehr anspruchsvolles Beispiel: *„Wenn ich die Hälfte einer Zahl durch 12 teile und zu diesem Ergebnis 510 dazuzähle, dann erhalte ich 1000. Wie heißt die Zahl?"*

Als Lösungshinweis wird dort die entsprechende Gleichung mit einem Platzhalter als Ausgangspunkt sowie eine Lösung gewissermaßen rückwärts über die jeweilige Umkehraufgabe genannt:

☐ : 2 : 12 + 510 = 1 000

schrittweise mit Operatorketten lösen, z. B.

```
       · 2         · 12        − 512
☐  ←   ☐    ←      ☐    ←    1 000
```

Die Schüler können daher beim Übertritt in die weiterführende Schule Gleichungen in der dargestellten Weise lösen. Auf dieses Kennenlernen von Gleichungen wird auch am Gymnasium im Hinblick auf die Ausbildung eines „Gefühls für Zahlen" und im Hinblick auf die Probe bei den Grundrechenarten zurückgegriffen werden, auch wenn auf die Nennung des Terminus „Gleichung" (wie auch „Ungleichung") im Lehrplan des Gymnasiums in Bayern in den Jahrgangsstufen 5 und 6 verzichtet wurde. Bewusst intendiert war eine Abkehr von einer zu frühen schematisierten, nicht altersgemäßen und zu intensiven Behandlung dieser Thematik vor Inkrafttreten des derzeit gültigen Lehrplans. Ein systematisches Lösen von Gleichungen und Ungleichungen ist erst ab Jahrgangsstufe 7 vorgesehen.

Die Rechengesetze (Kommutativgesetze, Assoziativgesetze und Distributivgesetz) werden erst am Gymnasium systematisiert und in der genannten Fachbegrifflichkeit gelernt. An der Grundschule treten diese Gesetze in der Regel bei konkreten Aufgaben auf, etwa das Kommutativgesetz als sog. „Tauschaufgabe", und werden eher intuitiv gebraucht.

So spielt das Distributivgesetz, ohne dass es explizit genannt werden muss, beim **Kopfrechnen** zur Berechnung von Produktwerten wie etwa

13 · 12 über 10 · 12 + 3 · 12 eine entscheidende Rolle. Allgemein ist seitens der höheren Schule festzustellen, dass die Fähigkeit zu schnellem Kopfrechnen (großes und insbesondere auch kleines Einmaleins) bei den Grundschülern eher rückläufig ausgeprägt ist. Offensichtlich sind auch die Einmaleins-Reihen nicht mehr allgemein mechanisiert präsent. Insofern sollten auch in Jahrgangsstufe 5 Übungen zum Kopfrechnen ein zentraler Inhalt von Unterricht und Leistungserhebungen sein.

Beim Übergang sind die Größen Geld, Zeit, Längen, Gewicht und Hohlmaße mit folgenden Einheiten bekannt:

€, Ct	Euro, Cent
km, m, cm, mm	Kilometer, Meter, Zentimeter, Millimeter
(*hl), l, ml	(*Hektoliter), Liter, Milliliter
(*t), kg, g	(*Tonne), Kilogramm, Gramm
h, min, s	Stunde, Minute, Sekunde

Mit * sind nicht verbindliche, weiterführende Lernangebote gekennzeichnet. Aus gymnasialer Sicht ist insbesondere zu beachten, dass die Einheiten „dm" sowie „mg" nicht und die Einheit „t" als nicht verpflichtend aufgeführt werden. In Jahrgangsstufe 5 werden die Einheitenreihen bei den o. g. Größen vervollständigt, durch die Einheiten der Größe „Flächeninhalt" erweitert und in Analogie zur Stellenwerttafel bei den Dezimalzahlen in eine Einheitentafel geschrieben. In diesem Zusammenhang wird auch die **Kommaschreibweise** bei den genannten Größen eingeführt und damit zumindest mit den Strichrechenarten auch gerechnet (Punktrechnungen nach der Einführung der Brüche erst verpflichtend in Jahrgangsstufe 6). Dabei kann ausgenutzt werden, dass die Schüler aus der Grundschule die Kommaschreibweise bei den Größen Geld und Länge in gewissem Umfang kennen und auch damit rechnen. Zu berücksichtigen ist hier, dass das Komma bei der Größe Geld Euro und Cent trennt (z. B. 3 € 2 Ct = 3,02 €) und bei Längen die Kommaschreibweise nur bei der Darstellung von Zentimeterangaben mithilfe der Einheit „m" verwendet wird (z. B. 2 m 14 cm = 214 cm = 2,14 m). Grundsätzlich wird in Jahrgangsstufe 5 die Kommaschreibweise ausschließlich im Zusammenhang mit den aufgeführten Größen auftreten. Eine Abstraktion zu den Dezimalzahlen ist Jahrgangsstufe 6 vorbehalten.

Sachaufgaben werden in der Grundschule unter Verwendung der jeweils bekannten Größe gelöst; so etwa Aufgaben zum Ein- und Verkauf (Größen: Geld, Masse, Länge) oder Bewegungsaufgaben (Größen: Zeit und Weg). Diese Aufgaben werden in der weiterführenden Schule aufgegriffen und im Allgemeinen mit höherer Komplexität weitergeführt. Auch bei den Sachaufgaben ist keinesfalls an eine Lösung mithilfe von Gleichungen gedacht, sondern es sollte, wie schon in der Grundschule, die Strukturierung und Dokumentation eines klaren, das Problem lösenden Gedankengangs in den Vordergrund treten, was beispielsweise mit Hilfe von Teilschritten geschehen kann.

Folgende zwei Aufgaben mit schon gymnasialtypischem Anspruch verdeutlichen dies:

> Ruth und Sabine wollen sich am Freibad treffen. Beide fahren mit dem Rad, wobei Ruth für jeden Kilometer 3 min 20 s benötigt und Sabine pro Minute 300 m weit kommt. Ruth fährt zu Hause um 14:30 Uhr los und hat 9 km zu fahren. Sabine startet um 14:38 Uhr und muss eine Strecke von 6 km zurücklegen. Allerdings soll Sabine noch beim Bäcker Brezeln kaufen, weshalb sie die Fahrt für 6 min unterbricht.
> Welches Mädchen ist früher am Freibad und wie lange muss es auf das andere Mädchen warten?

> Die 25 Kinder aus der Klasse 4b unternehmen eine Klassenfahrt mit drei Übernachtungen. Vor der Fahrt hat die Lehrerin für jedes Kind 108 € eingesammelt. Die Busfahrt kostet für alle Kinder zusammen 250 € und das Schullandheim kostet pro Kind und pro Übernachtung mit Vollverpflegung 31,50 €.
> Reicht das eingesammelte Geld noch für die 2,50 € Eintritt pro Kind in das Erlebnisbad?

Gerade im Bereich der Sachaufgaben wird am Gymnasium ein hohes Maß an Lesekompetenz sowie Textverständnis vorausgesetzt und strukturierendes Denken ist neben einer solide verfügbaren Rechenfertigkeit als Handwerkszeug unabdingbare Voraussetzung zur Problemlösung.

Themenstrang Funktionen
Im Sinne einer Funktionspropädeutik werden in Jahrgangsstufe 5 verschiedene **Erscheinungsformen von Diagrammen** behandelt. Insbesondere Säulendiagramme dürften aus der Grundschule bekannt sein. So wird beispielsweise der Inhalt in nachfolgender Aufgabe als bekannt vorausgesetzt:

Amanda würfelt mehrmals und hält in einem Diagramm fest, wie oft jede Augenzahl aufgetreten ist. Sie hat 68-mal gewürfelt.

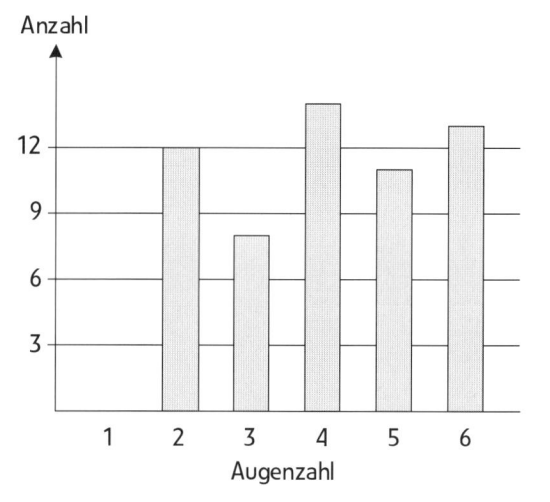

a) Wie oft hat sie eine Eins gewürfelt? Ergänze das Diagramm sinnvoll.

b) Wie oft zeigte der Würfel mindestens Augenzahl vier?

In Bezug auf den verwendeten mathematischen Begriff „mindestens" wurden erhebliche Probleme bei der Bearbeitung dieser Aufgabe festgestellt – ein Beleg wohl dafür, dass inhaltlich komplexere mathematische Begriffe offenbar erst später internalisiert werden.

Zu erwarten ist, dass Schüler nach Jahrgangsstufe 4 in der Lage sind, Daten aus Diagrammen abzulesen sowie Daten in vorgegebene Diagramme einzutragen. Im Laufe von Jahrgangsstufe 5 sollten die Schüler darüber hinaus fähig sein, eine vorgegebene Datenmenge in ein selbstgewähltes adäquates Diagramm zu übertragen. Eine Beurteilung von Aussagen, die sich auf ein vorgegebenes Diagramm stützen, wird auch am Gymnasium in Bayern verbindlich erst in Jahrgangsstufe 6 gefordert. Als anspruchsvolles Beispiel sei nachfolgende Aufgabe genannt:

In einer Zeitschrift ist folgendes Diagramm abgedruckt. Es zeigt, wie viele Autos eine Firma in den letzten Jahren verkauft hat.

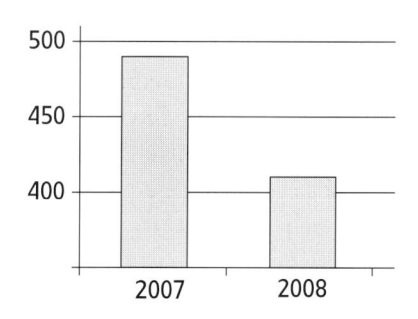

Georg schaut kurz auf das Diagramm und meint: „Mensch, die haben im Jahr 2008 nicht mal halb so viele Autos verkauft wie im Jahr 2007."

Hat Georg recht?
Sieh dir das Diagramm genau an und begründe deine Antwort.

Themenstrang Geometrie

Aus der Grundschule bekannt sind die wichtigsten Flächenformen (Rechteck und Quadrat, Viereck, Dreieck, Kreis), die wichtigsten Körperformen (Würfel, Quader, Kugel, Kegel, Zylinder und Pyramide) sowie in Bezug auf die Symmetrie insbesondere achsensymmetrische Figuren.

Hinsichtlich der **Zeichenfertigkeit** der Schüler ist beim Übertritt an die höhere Schule zu erwarten, dass folgende Elemente des Geodreiecks (Zeichendreiecks) bekannt sind: Längenmessung, Zeichnen von Strecken vorgegebener Länge, rechte Winkel sowie parallele Linien. Erfahrungsgemäß ist die Zeichenfertigkeit sehr unterschiedlich ausgeprägt, insbesondere feinmotorische Defizite sind in letzter Zeit vermehrt zu beobachten. In der Regel sind es die Schüler aus der Grundschule gewohnt, auf kariertem Papier zu zeichnen, und erst am Gymnasium wird man auch auf unliniertes Papier übergehen.

Darüber hinaus bedarf die richtige Handhabung des Zirkels eines weiteren Übungsbedarfs. Im Sinne eines Fächerübergriffs kann hier Kontakt mit Religionslehrkräften aufgenommen werden, da z. B. das Zeichnen von Mandalas mit einem Zirkel recht oft in den Unterricht eingebettet ist. Deutliche mathematische Relevanz erhält dieses Zeichengerät am Gymnasium jedoch erst in Jahrgangsstufe 6 beim Fertigen von Kreisdiagrammen bzw. Jahrgangsstufe 7 im Rahmen geometrischer Konstruktionen.

Bei der Erstellung achsensymmetrischer Figuren wird in der Grundschule die vorgegebene Symmetrieachse auf kariertem Papier in der Regel entlang einer Kästchenlinie oder allenfalls unter 45° diagonal durch das Kästchengitter verlaufen. Bekannt sein wird den Schülern der klassische Gebrauch des Geodreiecks zum Auffinden des entsprechenden symmetrischen Punktes, ggf. vereinzelt auch die Methode des „Kästchenzäh-

ÜBERGÄNGE VORBEREITEN UND BEGLEITEN

lens". Als Beispiel mit angemessenem Niveau sei nachfolgende Aufgabe wiedergegeben:

Ergänze die folgende Figur zu einer achsensymmetrischen Figur:

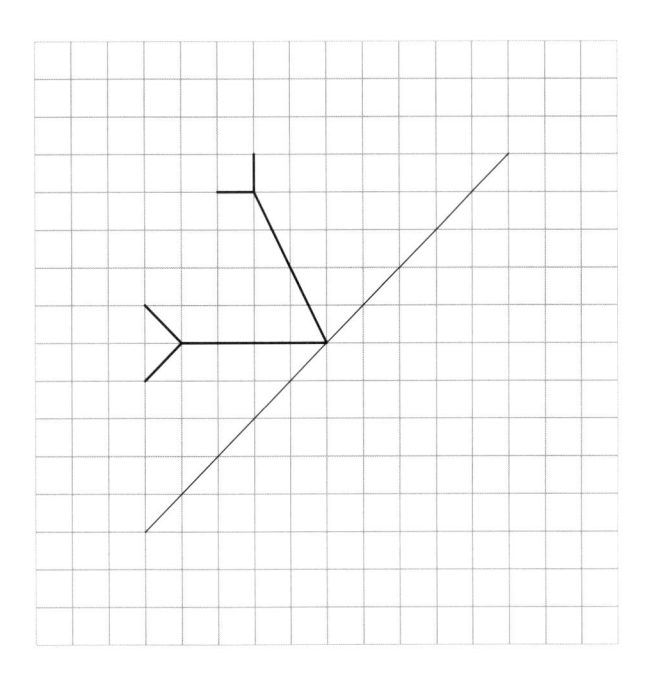

In Jahrgangsstufe 5 des Gymnasiums werden diese Grundfertigkeiten aufgegriffen und verallgemeinert. So liegt nunmehr die Symmetrieachse nicht notwendigerweise in spezieller Lage zum Karogitter oder es wird darüber hinaus unliniertes Papier verwendet. Grundsätzlich wird auch hier der entsprechende Spiegelpunkt mithilfe des Geodreiecks gefunden. Der konstruktive Gebrauch eines Zirkels ist erst in Jahrgangsstufe 7 vorgesehen. Neben diesen zeichnerischen Elementen werden nunmehr in Jahrgangsstufe 5 auch die wichtigsten Eigenschaften achsensymmetrischer Figuren zusammengefasst; eine Begründung etwa im Sinne eines mathematischen Beweises sollte jedoch Jahrgangsstufe 7 vorbehalten bleiben.

Erhebliche Unterschiede sind in der Entwicklung des **räumlichen Anschauungsvermögens** der Schüler zu konstatieren, sodass eine Weiterförderung auch ab Jahrgangsstufe 5 eine zentrale Rolle einnehmen muss. Typische Aufgabenformate hierzu sind beispielsweise der Wechsel zwischen ebenem Netz und räumlicher Gestalt eines Würfels oder das Erschließen des Raummaßes eines Körpers durch Abzählen von Einheitswürfeln. So sollten Schüler nach Jahrgangsstufe 4 in der Lage sein, folgende Aufgaben zu lösen:

(1) *Das vorgegebene Netz passt zu einem der abgebildeten Würfel. Kreuze den richtigen Würfel an.*

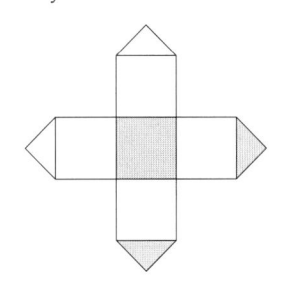

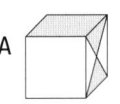

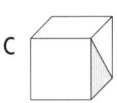

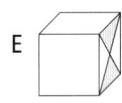

(2) *Wie viele kleine Würfel muss Anja mindestens noch nehmen, wenn sie diesen Körper zu einem großen Würfel ergänzen will?*

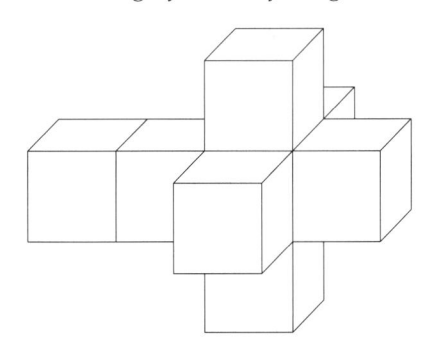

Es darf angemerkt werden, dass es nicht jedem Schüler der 5. Klasse gelingen wird, sich die jeweiligen Körper auch ohne konkretes anschauliches Hilfsmittel vorzustellen.

In Bezug auf die **Flächenformen** liegt ein Hauptaugenmerk der Grundschule auf dem zeichnerischen Erschließen der Figur Rechteck mit der Sonderform des Quadrats; metrische Betrachtungen (Umfang sowie Flächeninhalt) sind der Jahrgangsstufe 5 vorbehalten.

Der Begriff des **Maßstabs** wird in der Grundschule meist in Sachzusammenhängen anhand einfacher Beispiele wie 1:50 oder 1:100 behandelt. Die Schüler können dazu gemessene Längen in einer Karte auf die Wirklichkeit übertragen und umgekehrt Längen in wahrer Größe in der Karte wiederfinden. Das Herausfinden eines zugrundeliegenden Maßstabs bei vorgegebener Kartendistanz und wirklicher Distanz wird – wenn überhaupt – nur eine untergeordnete Rolle spielen. Auf dieser elementaren Basis kann der Lerninhalt Maßstab in ähnlich gewählten Zusammenhängen ab Jahrgangsstufe 5 weitergeführt werden um ggf. letztlich als allg. Längenverhältnis abstrahiert zu werden.

Themenstrang Stochastik

In Jahrgangsstufe 5 wird das elementare Zählprinzip unter Verwendung des veranschaulichenden Hilfsmittels Baumdiagramm behandelt. Man kann davon ausgehen, dass man auf kein konkret inhaltliches Vorwissen aus Jahrgangsstufe 4 der Grundschule zurückgreifen kann.

Grundlage hier ist die individuell sehr unterschiedlich ausgeprägte allgemeine Lesefähigkeit bzw. das allgemeine Textverständnis sowie die grundsätzliche Fähigkeit zu strukturierendem Denken. Da diese Inhalte früher erst in der Oberstufe des Gymnasiums unterrichtet wurden, ist an dieser Stelle durch die unterrichtende Lehrkraft insbesondere auf eine altersgerechte didaktische Reduktion bei gleichzeitiger Sorgfalt im Hinblick auf die Aufgabenauswahl zu achten.

> Zusammenfassend ist durch die im Einzelnen dargestellte Verflechtung deutlich zu erkennen, dass der Übergang von der Grundschule auf die weiterführende Schule gerade im Fach Mathematik erleichtert werden kann, wenn seitens der Beteiligten genügend Informationen über die jeweiligen Inhalte sowie Methoden vorliegen bzw. ausgetauscht werden. Dies betrifft einerseits die Lehrkräfte der weiterführenden Schulen im Sinne einer Rückschau auf das, was die Schüler aus der Grundschule mitbringen, andererseits aber auch die Grundschullehrkräfte in ihrer Verpflichtung auf eine möglichst optimale Vorbereitung des Übertritts unter Beachtung der Erfordernisse an der weiterführenden Schule.

3.9.2 Englisch

> Die Schnittstelle zwischen Grundschule und weiterführender Schule erweist sich im Fach Englisch als besonders prekär. Problemquellen seitens der Grundschule gilt es aufzuzeigen, ebenso wie den Ertrag des Englischunterrichts in der Grundschule als Basis für den weiterführenden Englischunterricht deutlich zu machen.

Englisch in der Grundschule

Der Englischunterricht nimmt im Vergleich zu den Kernfächern in der Grundschule einen Sonderstatus ein. Ein besonderes Merkmal ist sicherlich, dass die Grundschüler in Englisch keine Noten bekommen. Dies ist allerdings nicht die alleinige Ursache, dass Englisch als Unterrichtsfach so große Probleme hat, sich zu legitimieren. Noch immer ist der nicht von der Hand zu weisende Vorwurf weit verbreitet, die Kinder kämen aus der Grundschule mit sehr unterschiedlichen Fähig- und Fertigkeiten im Fach Englisch. Diese Differenzen zwingen die Lehrkräfte der aufnehmenden Schulen viel Zeit und Mühe zu investieren, um heterogene Lernstände zusammenzuführen. Manche Kollegen sind jedoch nicht bereit, diesen Aufwand zu betreiben. So beginnen sie den Englischunterricht ganz von vorne.

Die Ursachen für diese verschiedenen Wissensstände der Kinder gilt es zu beseitigen, um so einen gleitenden Übergang zu schaffen. Ein wesentlicher Aspekt ist die unterschiedliche Qualifikation der Lehrkräfte. Viele Kollegen der Grundschule qualifizieren sich über einen Sprachkompetenztest und ein mehrtägiges Methodikseminar für die Lehrerlaubnis im Fach Englisch. Aufgrund dieses Vorgehens fehlen möglicherweise wichtige fachdidaktische Kenntnisse und eigene Sprachpraxis. Im Gegensatz dazu gibt es jedoch auch Lehrkräfte, die Englisch als Unterrichtsfach studiert haben. Daher sind bereits die Voraussetzungen, unter denen Unterricht geplant und durchgeführt wird, sehr unterschiedlich. Ein wichtiger Ansatzpunkt wäre daher die Aus- und Weiterbildung der Englischlehrkräfte der Grundschule. „Wer eine fremde Sprache unterrichten möchte – und sei es auf der elementarsten Stufe –, der muss diese Sprache beherrschen, sich in ihr wohlfühlen, mit ihr vertraut sein." (KLIPPEL 2007, S.21)

Dem Beginn des Fremdsprachenunterrichts in der Grundschule lag zunächst ausschließlich das didaktische Modell der Begegnung zugrunde. Es sollten Gelegenheiten geschaffen werden, der Fremdsprache spielerisch zu begegnen. Dieser didaktische Ansatz verstand sich keineswegs als systematische Fremdsprachenvermittlung.

Inzwischen wurde in den Lehrplänen der verschiedenen Bundesländer bzw. durch Konkretisierungen dazu wie in Bayern das Begegnungskonzept erweitert. Diese benennen nun Ergebnisse, die am Ende der Grundschulzeit im Englischunterricht erreicht sein sollten. Daher bedarf es vonseiten der Grundschule einer Berücksichtigung sowohl des „erlebnis-" als auch „ergebnisorientierten" Englischunterrichts. So wäre es ein großer Schritt, könnten die Lehrer der 5. Klasse sich beispielsweise darauf verlassen, dass der verbindliche Wortschatz vorausgesetzt werden kann. Weiterführende Schulen müssen verlässlich an bindende Inhalte anknüpfen können. An dieser Stelle gilt es, die Diskussion um ein verbindliches Lehrwerk aufzugreifen. Ein Schülerbuch als Richtschnur für die zu behandelnden Themen und Strukturen wäre sicherlich eine große Hilfe, Unterschiede zu minimieren. Zugleich böte es die Möglichkeit für die weiterführenden Schulen, einen auf das Grundschul-Lehrwerk abgestimmten Lehrgang zu entwerfen. Die in der Theorie angestrebten Ergebnisse bedürfen einer größtmöglichen Transparenz: zum einen für die Grundschulkollegen, damit einheitlich gearbeitet werden kann, und zum anderen für die Lehrer der weiterführenden Schulen, um die notwendige Diagnostik zu Beginn der 5. Jahrgangsstufe zu erleichtern. So käme man dem „ergebnisorientierten" Konzept näher.

In der Praxis bietet sich die Portfolioarbeit an, um Erreichtes im Fach Englisch für die aufnehmende Schule zu veranschaulichen. Diese Art der Dokumentation lässt Grundschüler zunächst reflektieren, was sie schon können bzw. wie sie am besten lernen. Auf der Grundlage dieser Zusammenstellung kann sich die weiterführende Schule am Können der Kinder orientieren und daran anknüpfen. Hinzu kommt, dass die Kinder das bisher Gelernte als wertvoll erfahren. Schätzt der Fünftklasslehrer die Englischkenntnisse der übergetretenen Schüler gering oder ignoriert sie sogar, wirkt das außerordentlich demotivierend für das weitere Englischlernen.

Ergänzt werden muss die Zusammenstellung eines Portfolios durch die Kooperation der Kollegen unterschiedlicher Schularten. In Bayern z. B. gibt es dafür sogenannte Kleeblätter. Dieses Projekt ermöglicht unter anderem den Austausch unter den verschiedenen Kollegen. Lehrer von Grund-, Mittel-, Realschulen und Gymnasien treffen sich, um gegenseitig im Englischunterricht zu hospitieren und sich im Anschluss über Unterrichtsinhalte und -methoden auszutauschen. Diese Treffen ermöglichen außerdem, „miteinander statt übereinander" zu reden. Sie bieten eine Möglichkeit, das Verständnis für die jeweils andere Schulart und ihre Arbeitsweise zu fördern.

Die Methoden der verschiedenen Schularten sind unterschiedlich. So liegt der Schwerpunkt in der Grundschule als „Schule für alle Kinder" (vgl. VSO Art.7) zunehmend in der erziehlichen Arbeit. Im Gymnasium wiederum spielt das Fachwissen eine große Rolle. Diese unterschiedlichen Erwartungshorizonte gilt es nicht zu nivellieren, sondern sich in der Übergangsphase aneinander zu orientieren. Der Stellenwert der *four skills* (Hören, Sprechen, Lesen, Schreiben) für den Englischunterricht in der Grundschule bietet einen guten Orientierungspunkt, um berechtigte Erwartungen an den Englischunterricht der Primarstufe zu benennen.

Im Englischunterricht der Grundschule liegen die Schwerpunkte in der Förderung des Hörverstehens und Sprechens. Den Kindern wird Gelegenheit gegeben, sich in die fremde Sprache einzuhören. Sowohl die Verwendung von *classroom phrases* als auch die Verwendung der *total physical response* hilft den Schülern, sich an fremde Laute zu gewöhnen. Hinzu kommen vielfältige Hörübungen, die den Kindern helfen, Verstehensstrategien zu entwickeln.

Nach der sogenannten *silent period* – einer Phase, in der die Kinder schweigen dürfen, nicht zum Sprechen gezwungen werden – beginnen sie, ohne Scheu schematische Satzmuster nachzusprechen und produktiv zu verwenden. Um einfache kommunikative Situationen bewältigen zu können, sollten die Kinder einen Grundwortschatz erlernen. Dieser wird grundschulgemäß in Liedern, Spielen und ganzheitlichen Übungen gefestigt.

Die Fertigkeiten Lesen und Schreiben haben eine untergeordnete Rolle. Sie unterstützen lediglich den Lernprozess. Da erfahrungsgemäß die Kinder die Schrift von sich aus als Lernhilfe einsetzen, sollte bereits in der Grundschule auf richtige Schreibweisen geachtet werden, damit falsches Einprägen verhindert wird.

In der Grundschule erfolgt eine altersgemäße Auseinandersetzung mit englischsprachigen Lerninhalten. Die Schüler machen grundlegende Erfahrungen und erwerben erste Fähig- und Fertigkeiten. Diese Basis kann das systematische Lernen einer Fremdsprache durch die weiterführenden Schulen erleichtern, indem daran angeknüpft wird und diese Grundlagen weitergeführt werden.

> Eine Sprache kann nur derjenige mit Spaß und Überzeugung vermitteln, der diese auch beherrscht. Daher muss auf die Ausbildung der Grundschulkräfte großen Wert gelegt werden. Der ergebnisorientierte Unterricht bedarf der Transparenz der angestrebten Ergebnisse, um ein echtes Anknüpfen und Weiterführen an den weiterführenden Schulen zu ermöglichen.
> Eine pädagogische und methodische Annäherung der Bildungseinrichtungen in der Übergangsphase erleichtert den Kindern den Übertritt, den Lehrkräften die Arbeit, verbessert die Zusammenarbeit zwischen Grundschule und weiterführender Schule und als Folge daraus die Leistungen der Kinder. Ein verbindliches Lehrwerk könnte Unterschiede minimieren. Der Englischunterricht der Primarstufe leistet vor allem für das Hörverstehen und Sprechen gute Vorarbeit, an die angeknüpft werden kann und sollte.

Englisch in den weiterführenden Schulen

Wenn die Schüler an die weiterführenden Schulen übertreten, bringen sie im Gegensatz zu früher deutlich mehr Kenntnisse der englischen Sprache mit. Das liegt zum einen daran, dass sie in den Medien, v. a. im Internet, Fernsehen und auf CDs, dem Englischen viel häufiger begegnen. Besonders aber liegt dies an der festen Etablierung des Englischunterrichts an der Grundschule. Deswegen ist es sehr schade, dass der Übergang von der Grundschule an die weiterführende Schule gerade im Fach Englisch von vielen Schülern immer noch als Bruch empfunden wird, da der Englischunterricht an den verschiedenen Schularten noch nicht genug aufeinander abgestimmt ist. Um den Lernerfolg zu sichern und den Spaß am Erlernen des Englischen zu erhalten, ist es daher unerlässlich, den Lernprozess dadurch kontinuierlicher zu gestalten, dass an den Englischunterricht der Grundschule angeknüpft wird – inhaltlich und methodisch.

Wie dies in den einzelnen Bereichen der englischen Sprache in den weiterführenden Schulen gelingen kann, soll im Folgenden kurz umrissen werden.

Hören

Da die Schüler im Bereich des Hörverstehens mit durchaus soliden Fertigkeiten aus der Grundschule kommen, sollte das Anknüpfen in diesem Bereich in der weiterführenden Schule wenig Probleme bereiten. Allerdings sollte auch eine echte Kontinuität erfolgen und nicht wieder bei Null begonnen werden. So kann bereits in der ersten Englischstunde an der neuen Schule das Hörverständnis dadurch gefordert werden, dass die Schüler auf einfache Anweisungen der Lehrkraft reagieren. Sie können z. B. ihr Verständnis durch entsprechende Bewegungen ausdrücken, wodurch nicht nur die Methode des *total physical response* aus der Grundschule wieder aufgenommen, sondern den Neuankömmlingen auch das Gefühl gegeben wird, dass sie bereits etwas können, dass sie schon Englisch verstehen und dass das bisher Gelernte nicht umsonst war. Dieses Erfolgserlebnis fördert die Lernfreude und schafft Motivation, an der neuen Schule weiterzulernen und das bisher erworbene Wissen zu vertiefen.

Diese Vertiefung kann in den weiteren Unterrichtsstunden dadurch erfolgen, dass zusätzliche *classroom phrases* eingeführt werden, um den Englischunterricht so früh wie möglich einsprachig zu gestalten, und durch die Präsentation der Lehrbuchtexte bei geschlossenen Büchern und Überprüfung des Globalverständnisses durch einfache *Yes/No*-Fragen. Nach und nach sollten dann Fragen auch zum Detailverständnis eingestreut werden, welches an der weiterführenden Schule eine große Rolle spielt. Zunächst kann dies durch Ankreuzaufgaben erfolgen und wird dann über Lückentexte hin zu eigenen Antworten in ganzen Sätzen führen.

Die Lehrkraft sollte von Anfang an keine Scheu haben, ein natürliches Sprechtempo zu verwenden und vom Sprachniveau immer etwas über dem der Schüler zu liegen, um so deren Hörverständnis zu verbessern und einen Ansporn zum Weiterlernen zu geben. Die Hörtexte zu den Lehrwerken sind sehr authentisch, z. B. verwenden die eingesetzten jungen „native speakers" teils Umgangssprache und Hintergrundgeräusche lenken vom direkten Geschehen ab. Mit diesen Umständen zurechtzukommen, ist das Ziel des Englischunterrichts.

Sprechen
Da in der Grundschule der mündliche Sprachgebrauch im Vordergrund steht und die Schüler in diesem Alter noch keine Scheu haben, fremdsprachliche Laute zu imitieren, nehmen die Lehrkräfte an den weiterführenden Schulen junge Menschen in Empfang, die sehr große Sprechfreude auszeichnet. Diese Freude zu erhalten, ist die wichtigste Aufgabe der Englischlehrer an den weiterführenden Schulen.

Im Sinne des Anknüpfens an den Unterricht der Grundschule können sich die Schüler schon in der ersten Englischstunde selbst auf Englisch vorstellen – sie können bereits in ganzen Sätzen sagen, wie sie heißen, wo sie herkommen und wie alt sie sind – oder ein kleines Interview mit ihren Klassenkameraden zum Zweck des gegenseitigen Kennenlernens führen. Die Schüler werden auch voller Stolz kurze Gedichte vortragen oder in der Grundschule gelernte Lieder zusammen singen wollen. Darüber hinaus können sie viele Gegenstände im Klassenzimmer benennen. Für die Motivation ist es sehr wichtig, den Neuankömmlingen das Gefühl zu geben, dass das an der Grundschule Gelernte auch an der weiterführenden Schule gebraucht wird und so die Kontinuität zwischen beiden Schularten hergestellt wird. Um diese Motivation und die Freude am Sprechen auch längerfristig aufrechtzuerhalten, ist es wichtig, bei der Verbesserung von Aussprachefehlern behutsam vorzugehen, z. B. indem man die Schüleräußerung mit Betonung der korrekten Aussprache wiederholt (korrigierendes Lehrerecho).

Lesen
Der stützenden Funktion des Lesens an der Grundschule steht die große Bedeutung des Schriftbildes an den weiterführenden Schulen gegenüber, sodass der Übergang in diesem Bereich von vielen Schülern als recht abrupt empfunden wird. Aber da die Schüler im Gegensatz zur Zeit vor der Einführung des Englischunterrichts an der Grundschule durchaus gewisse Kenntnisse des englischen Schriftbildes und besonders die Erkenntnis des großen Unterschiedes zwischen Schrift- und Lautbild mitbringen, ist es nicht mehr nötig, in den ersten Stunden an der weiterführenden Schule zunächst ganz auf das Schriftbild zu verzichten.

Um einen reibungslosen Anschluss an den Unterricht der Grundschule zu gewährleisten, können die Schüler englische Geschichten mitbringen, die sie aus ihrer Grundschulzeit bereits kennen. Auch Bildergeschichten mit kurzem Text bieten sich an. Bei den Lehrwerkstexten ist entscheidend, dass diese mehrmals gelesen werden. Dies kann von einzelnen Schülern erfolgen, in verschiedenen Rollen oder durch das gegenseitige Vorlesen des Textes mit einem Partner. In Intensivierungsstunden kann die Lehrkraft besonders gut auf einzelne Schüler eingehen, wenn diese der Lehrkraft in einer *one-to-one* Situation den Text vorlesen, während der Rest der Gruppe eine Aufgabe bearbeitet.

Schreiben
Von den *four skills* ist die Schreibfertigkeit sicherlich diejenige Fertigkeit, die an der weiterführenden Schule im Gegensatz zur Grundschule am stärksten betont wird. Schriftbild und eigenes Schreiben werden in der Primarstufe als Lernhilfe aufgefasst, an den weiterführenden Schulen als zentraler Bestandteil der Fremdsprache, der auch von Anfang an in die Notengebung mit einbezogen wird. In den ersten Stunden wird daher die Lehrkraft besonders stark darauf achten, dass die Schüler tatsächlich fehlerfrei von der Tafel abschreiben und innerhalb kurzer Zeit zu einem einigermaßen gleichen Schreibtempo gelangen. Darüber hinaus bieten sich zur Festigung des Schriftbildes Kurz- oder Lückendiktate an, die zur Abwechslung bei vorliegender Lösung auch einmal vom Banknachbarn korrigiert werden können, oder die wiederholte Beschriftung von Bildern.

Auf das freie Schreiben, das an den weiterführenden Schulen sehr früh an Bedeutung gewinnt, kann dadurch vorbereitet werden, dass die Schüler an bestimmten Stellen des Lehrbuchtextes einen Minidialog oder ein bis zwei weitere Sätze einfügen, wenn Leerstellen im Text dies zulassen. Es könnte auch das Ende des Textes in einfachsten Sätzen leicht verändert oder umgeschrieben werden. Zu Beginn wird die Lehrkraft sicher Beispiele geben, wie dies aussehen kann.

Wortschatz
In der Regel kommen die Schüler mit einem recht breiten rezeptiven und produktiven Wortschatz an die weiterführenden Schulen. Um ihnen das

Gefühl zu geben, dass sie diesen bereits erlernten Wortschatz auch an der neuen Schule benötigen, muss darauf aufgebaut werden. Eltern beklagen in den ersten Wochen des Englischunterrichts an der weiterführenden Schule häufig die vielen Vokabeln, die von ihren Kindern in die Vokabelkartei oder das Vokabelheft geschrieben und dann gelernt werden müssen. Aber gerade in den ersten Stunden kommen zahlreiche Wörter vor, die bereits aus der Grundschule bekannt sind. Die Verlage bieten hierzu verschiedene Hilfen für Lehrkräfte an, um nachvollziehen zu können, welche Vokabeln als bereits bekannt vorausgesetzt werden können. Im Fünftklassbuch „Green Line New Bayern 1" des Klett-Verlags sind z.B. die laut Lehrplan aus der Grundschule mitgebrachten Wörter blau gekennzeichnet. Andere Verlage arbeiten teilweise mit eigenen Vokabellisten, die den Lehrermaterialien der Lehrwerke beigefügt sind. Besonders in den Bereichen Farben, Zahlen, Tiere usw. herrschen sehr gute Vokabelkenntnisse bei den Schülern, sodass man sich hier auf breite Vorkenntnisse stützen und die entsprechenden Kapitel im Buch schneller bearbeiten kann.

Um die Freude am Erlernen von Vokabeln auch beim stark erhöhten Wortpensum aufrechtzuerhalten, bieten sich kleinere Spiele wie *hangman* oder *vocab soccer* (zwei Klassenmannschaften spielen auf einem vereinfachten Fußballfeld [Folie] gegeneinander) an oder auch die pantomimische Darstellung. Darüber hinaus gibt es eine Vielzahl an *songs*, die bestimmte Bereiche des Wortschatzes im Fokus haben.

Grammatik
In der Grundschule werden grammatikalische Strukturen und Regeln nicht explizit bewusst gemacht. Der Englischunterricht an den weiterführenden Schulen dagegen setzt von Anfang an auf eine grammatische Progression, die gerade am Gymnasium sehr steil ist. Dieser Übergang vom intuitiv-imitativen Sprachenlernen hin zum kognitiv ausgerichteten Spracherwerb ist für die Schüler alles andere als einfach. Im Sinne eines behutsamen Übergangs ist es sinnvoll, die intuitiv bereits erfassten Sprachregeln durch Sammeln zu kognitivieren und so auch im Bereich der Grammatik das Gefühl zu vermitteln, dass die Kinder schon einige Sprachregeln kennen und ihnen diese nun lediglich bewusst gemacht werden. Werden dann komplett neue Strukturen eingeführt, bietet sich das induktive Verfahren nach Ziegésar an: Demonstration, Verstehen und Reagieren, Reproduzieren, Produzieren, Bewusstmachung. Zahlreiche konkrete Beispiele der induktiven Grammatikeinführung finden sich bei ZIEGÉSAR (1992).

> **Zehn Regeln für einen erfolgreichen Übergang im Fach Englisch:**
>
> 1. Von den Schülern mitgebrachte Kenntnisse würdigen!
> 2. Freude am Spracherwerb durch Aufgreifen von Verfahrensweisen aus dem Englischunterricht der Grundschule bewahren!
> 3. Gelegenheiten zum Einbringen der Vorkenntnisse geben!
> 4. Grundschulunterlagen mitbringen lassen!
> 5. Schüler mit guten Aussprachekenntnissen als Helfer und Experten einsetzen!
> 6. Multisensorische Wortschatzarbeit pflegen!
> 7. Ganzheitliche, handlungsorientierte Kommunikationssituationen schaffen!
> 8. Dem mündlichen Sprachgebrauch Vorrang einräumen!
> 9. Persönlichen Bezug zu den Lerninhalten herstellen!
> 10. In der Grundschule hospitieren!

(nach: STAATSINSTITUT 2009, S. 81)

4 Übergänge gestalten als langfristiges Vorhaben

> Viele Maßnahmen zur Optimierung der Übergänge werden von engagierten Lehrkräften umgesetzt. Damit sie nachhaltig wirken können, sollte Folgendes berücksichtigt werden:
> - die Arbeit anderer Bildungseinrichtungen wertschätzen
> - gute Beispiele und Aktionen vernetzen
> - die Beteiligten schrittweise auf das Gesamtvorhaben vorbereiten
> - standespolitische Überlegungen reflektieren und ggf. zurückstellen
> - das Kind in den Mittelpunkt aller Überlegungen stellen
> - das Schulsystem anschlussfähig machen

Bereits diese Parameter zeigen, dass die Gestaltung des Übergangs von der Grundschule in die weiterführenden Schulen eine große Herausforderung darstellt. Sie zeigen auch, dass der Weg nicht immer geradlinig ist. Zusätzlich zu den vielen **Einzelmaßnahmen** ist ein **Gesamtkonzept** erforderlich, das diese Aufgabe fest im Schulentwicklungsprozess verankert.

Die Notwendigkeit einer Ausgestaltung ergibt sich in erster Linie aus der Aufgabe der bestmöglichen Förderung des einzelnen Kindes. Dazu kommt die nicht selten durch Nervosität und Ungeduld bestimmte Situation der Eltern am Ende der Grundschulzeit. Weitere Gründe sind:
- Die Transitionsforschung verdeutlichte die Auswirkungen der optimalen Gestaltung der Übergänge (vgl. dazu auch Kapitel 2.1).
- Die Gehirnforschung belegt, dass eine ausgeprägte Anschlussfähigkeit hilft, beim Kind die weitere Lernentwicklung positiv beeinflussen.

4.1 Die Idee

Das hier skizzierte Modell zeigt eine in sich logische Abfolge von Maßnahmen. Dabei ist die gewählte Reihenfolge von entscheidender Bedeutung. Erst wenn es gelungen ist, alle Beteiligten von der gemeinsamen Aufgabe und dem gemeinsamen Ziel zu überzeugen, nämlich die Kinder starkzumachen, können fachliche Themen besprochen werden. Auch dieser Prozess des Voneinander-Lernens braucht Zeit. Er muss so strukturiert werden, dass es nicht nur bei punktuellen Begegnungen bleibt, sondern dass Effektivität und Nachhaltigkeit der Maßnahmen erreicht werden.

> **Übergänge gestalten: Bedingungen des Gelingens**
> 1. Betroffene zu Beteiligten machen (personale Komponente)
> 2. Voneinander wissen – voneinander lernen (fachliche Komponente)
> 3. Strukturen zur Unterstützung schaffen (organisatorische Komponente)

4.1.1 Betroffene zu Beteiligten machen

> Die Kooperation zwischen der abgebenden Grundschule und der aufnehmenden weiterführenden Schule gelingt nur dann, wenn die Betroffenen zu Beteiligten werden, wenn die Zusammenarbeit von den Personen initiiert und getragen wird, die es unmittelbar betrifft. Die Vorgehensweise bei der Gestaltung eines reibungslosen Übergangs von der Basis aus, von unten nach oben, nimmt Schüler, Eltern, Lehrkräfte, Schulleitungen und Verantwortliche in der Schulaufsicht gleichermaßen mit ins Boot.

Hospitationen
Trotz des oft sehr hohen organisatorischen Aufwands sind wechselseitige Hospitationen in besonderer Weise geeignet, die Beteiligten zusammenzuführen. Dabei geht es sowohl um vertrauensbildende Maßnahmen durch direkte Begegnungen als auch darum, inhaltliche Defizite auszugleichen. Informationen über Inhalte, Methoden und schulrechtliche Gegebenheiten der jeweils anderen Schulart können dabei direkt ausgetauscht werden.
Die vertrauensbildenden Maßnahmen können nur dann wirksam werden und sich entfalten, wenn die Schulaufsicht selbst mit gutem Beispiel vorangeht. Sie hat die Aufgabe, ihrerseits in dieser Weise zu agieren, die Schulleitungen in Dienstbesprechungen zu sensibilisieren und somit den Gedanken des „Gestaltens von Übergängen" in die Kollegien zu transportieren.

ÜBERGÄNGE GESTALTEN ALS LANGFRISTIGES VORHABEN

Expertenbesuche

Sogenannte Experten (Schüler der weiterführende Schule) geben im Rahmen von Unterrichtsbesuchen an den Grundschulen den Schülern der 4. Klassen Auskunft über Unterricht und Schulleben an der weiterführenden Schule, über Anfangsschwierigkeiten etc.

Folgender Ablauf bietet sich an:
- Zwei Schüler der 5. und/oder 6. Klassen werden ausgewählt, am besten Schüler, die Schüler der zu besuchenden Grundschule waren.
- Diese Schüler schreiben einen Brief an die Grundschulklasse, in dem sie sich vorstellen und die Viertklässler auffordern, ihnen Fragen zu stellen; Anlass könnte der bevorstehende Grundschultag/„Tag der offenen Tür" sein. (Man könnte auch alle in der Klasse einen solchen Brief schreiben lassen und die besten dürfen dann den Info-Besuch machen – Wettbewerbscharakter).
- Die Klasse oder einzelne Schüler schreiben zurück.
- Die Experten gehen zu einem vereinbarten Termin in die 4. Klasse und stehen dort den jüngeren Schülern Rede und Antwort; eine gemeinsam mit den Schülern vorbereitete PowerPoint-Präsentation könnte das begleiten; dabei sollen Fotos (ein Klassenzimmer, die Pausenhalle, die Sporthalle etc.) gezeigt werden.
- Eine Begleitung durch eine Lehrkraft der weiterführenden Schule ist nicht notwendig: Die Eltern der Experten sind bestimmt für einen Extrafahrdienst zu motivieren, die Aufsicht ist durch die Grundschullehrkraft gedeckt.
- Die Grundschüler könnten abschließend einen Dankesbrief schreiben (unterstützt den Korrespondenzcharakter).

Dieser Ablauf bietet sich aus folgenden Gründen an:
- Insbesondere weiterführende Schulen mit großem Sprengel können so Kontakt mit allen Grundschulen, aus denen sie Kinder bekommen, Kontakt aufnehmen – hier sind ja Schnuppertage so vieler Gruppen problematisch.
- Die Schüler der 5. Klassen sind sehr motiviert: Sie sind stolz, in ihrer alten Schule als kompetente Experten aufzutreten.
- Der Aufwand ist sehr überschaubar.

Das Projekt kann jedes Jahr durchgeführt werden.

Zur Planung der Expertenbesuche bietet es sich an, vorab eine Übersicht anzulegen, mit allen wichtigen Punkten (vgl. Abb. 13, KV 7 – S. 108 bzw. Expertenbesuch.doc auf CD).

Expertenbesuch – Schüler der weiterführenden Schule informieren die Grundschüler aus erster Hand

Zeitpunkt	zwischen Weihnachten und Fasching
Zeitrahmen	1–2 Unterrichtsstunden
Ort	an den Grundschulen
Beteiligte	Grundschulklassen, je 2 Schüler aus den weiterführenden Schulen pro Grundschulklasse
Material	PowerPoint-Präsentation bzw. Folien mit Bildern der Schule und vom Schulalltag
Organisation	■ durch Grundschullehrer der 4. Klassen und Beauftragten an der weiterführenden Schule ■ zuerst Briefwechsel, dann Besuch in der Klasse
Beschreibung des Vorhabens mit Methode	Grundidee: Schüler der weiterführenden Schule gehen als Experten in die Grundschulklassen Ablauf: ■ Vor dem Termin: ☐ Zwei Schüler der weiterführenden Schule (5. und/oder 6. Klassen) auswählen ☐ Brief der Schüler an die Grundschulklasse ☐ Antwortbrief der Grundschüler ■ Termin in der Grundschule: Vortrag (z. B. PowerPoint-Präsentation mit Fotos etc.) der Fünftklässler/Sechstklässler ■ Nach dem Termin: Dankesbrief der Grundschüler

Abb. 13

Institutionalisierte Kooperationstage

Vonseiten der Eltern und Schüler gibt es immer viele Fragen im Bezug auf die weiterführenden Schulen: Welche sind diese, wie sind die Anforderungen an eine Aufnahme und wie sieht es dort überhaupt aus? All diese Fragen können leicht beantwortet werden, indem jede weiterführende Schule einen Grundschultag/„Tag der offenen Tür" gestaltet. Gleichzeitig kann die weiterführende Schule sich durch einen solchen Tag auch attraktiv nach außen hin präsentieren.

Ein solcher Tag erfordert einen recht hohen Organisationsaufwand und muss gut durchgeplant sein. Auch hier sollten alle wesentlichen Aspekte in einer Übersicht aufgeführt werden (vgl. Abb. 14 und Abb. 15, KV 8 – S. 109/110 bzw. Grundschultag.doc auf CD).

ÜBERGÄNGE GESTALTEN ALS LANGFRISTIGES VORHABEN

Grundschultag/„Tag der offenen Tür" an der weiterführenden Schule (1)	
Zeitpunkt	zwischen der Mitteilung des Notenstandes (Jan) und dem Anmeldezeitraum an der weiterführenden Schule → Terminabsprache mit den umliegenden Schulen (damit Eltern mehrere Termine wahrnehmen können)
Zeitrahmen	als ca. 3-stündige Nachmittagsveranstaltung (z. B. 15–18 Uhr) → günstig ist der Freitagnachmittag (viele Eltern arbeiten verkürzt)
Ort	weiterführende Schule
Beteiligte	Kollegium an weiterführender Schule, Schülergruppen, Elternbeirat, interessierte Grundschüler und ihre Eltern
Material	Einladungsschreiben an Eltern (über die Grundschule), Presseinformation, Organisationsplan
Organisation	• Beginn des Schuljahres: Bestimmung eines Koordinators und des Termins vor Weihnachten Aufforderung an die Fachbetreuer und Klassenlehrer, Vorschläge einzureichen (Abgabetermin setzen) • ca. acht Wochen vorher: Einladungsschreiben an die Grundschulen (an Schüler/Klassen und an die Grundschullehrer und Schulleitungen) • ca. vier Wochen vorher: Aufstellung eines Organisationsplans (Raumverteilung, Zeitplan, Materialliste) • ca. zwei Wochen vorher: Termin in der Presse veröffentlichen
Beschreibung des Vorhabens mit Methode	Grundidee: Kombination aus dem traditionellen „Tag der offenen Tür" als Werbeveranstaltung für eine Schule und der Information über rechtliche Voraussetzungen des Übertritts und inhaltliche Anforderungen der jeweiligen Schulart Ziele: Schüler und ihre Eltern sollen sowohl die Räumlichkeiten kennenlernen als auch Informationen über die Schulart bekommen, die Atmosphäre der Schule wahrnehmen und viel Raum haben, ihre Fragen frei zu stellen Puzzleteile: a) Fächer stellen sich vor – nicht nur mit Stellwänden etc., sondern mit Aktionen, die sowohl Inhalt des Faches vorstellen als auch *altersgerecht* zu einer Eigentätigkeit anregen b) Informationsvortrag der Beratungslehrkraft c) Schüler informieren Schüler d) Elterncafé: Eltern erhalten Informationen durch die Schule, aber auch durch andere Eltern, deren Kinder bereits an der weiterführenden Schule sind e) Informationen über Wahlfächer und außerschulische Angebote

Abb. 14

Rechtzeitig vorher muss eine Einladung mit den wichtigsten Informationen herausgehen (vgl. Abb. 16, KV 9 – S. 111 bzw. Einladung zum Grundschultag.doc auf CD).

Einladung zum Grundschultag

_____, _____

Liebe Eltern der Viertklässler,

wir laden Sie und Ihr Kind recht herzlich zu unserem Grundschultag
am _____ um _____ Uhr ein.

Dabei können Sie Informationen über unsere Schule und ihre verschiedenen Laufbahnmöglichkeiten erhalten.

Auch alle Elternbeiräte sind herzlich eingeladen.

Während die Kinder an verschiedenen Workshops teilnehmen, bietet der Elternbeirat Kaffee und Kuchen an.

Die Schulleitung steht für Gespräche zur Verfügung.

Auf Ihr Kommen freuen sich die Lehrkräfte und die Schüler.

Mit freundlichen Grüßen

Abb. 16

Inhaltlich kann der Tag auf unterschiedliche Art und Weise gestaltet werden.

Projekte

Auch durch gemeinsame Projekte der Grundschüler und der Schüler der weiterführenden Schulen kann ein Austausch stattfinden. Im Folgenden werden kurz Projekte vorgestellt, die im Regierungsbezirk Unterfranken bereits erfolgreich durchgeführt wurden.

Grundschultag/„Tag der offenen Tür" an der weiterführenden Schule (2)	
Fächer	• Geschichte: Thema: „Ägypten" Stellwand mit Beispielen aus dem Unterricht (z. B. Arbeitsblätter oder Hefteinträge) und Basteln von Modellen aus Pappe und Papier (fertige Bastelbögen für Sarkophage, Totenmasken, Pyramiden etc.) • Mathematik: Thema: „Mathematische Spielstraße" • Deutsch: Thema: „Märchen" Spielszenen (Schulspielgruppe oder einzelne Klassen) und Märchenquiz (für alle); Vorlesen von Märchen (ältere Schüler oder Lehrkräfte lesen für die Gäste) • Englisch: „Reise um die Welt" Würfelspiel zu bekannten Sehenswürdigkeiten mit einfachen Äußerungen auf Englisch → Aktionen werden von Lehrkräften in Zusammenarbeit mit einzelnen Schülergruppen gestaltet Anmerkung: Bei den Aktionen sollen die Kinder auch beschäftigt werden, während die Eltern den Informationsvortrag besuchen.
Informationsvortrag der Beratungslehrkraft	• wendet sich vornehmlich an die Eltern • zu zwei alternativen Zeiten während der Aktion anbieten (Entzerrung, kleinere Gruppen, Flexibilität für die Eltern, …) • Inhalte: rechtlichen Voraussetzung des Übertritts sowie Anforderungen der Schulart, sofern vorhanden in Zusammenarbeit mit der an der Schule tätigen Grundschullehrkraft
Schüler informieren Schüler	• Hausführungen durch Schüler • Schüler zeigen ihre Schultaschen: Bücher, Hefte, Materialien • Schüler gestalten eine Info-Wand („Welche Ängste wir hatten" – „Was daraus geworden ist"…) • Schüler stellen ihre Lieblingsfächer vor Vorbemerkungen: Bei diesen Aktivitäten sollten insbesondere die Fünftklässler einbezogen werden. Sie informieren die nur wenig jüngeren Kinder aus erster Hand. Die Vorbereitung kann im Rahmen des Unterrichts organisiert werden (z. B. als Projekt im Deutschunterricht).
Elterncafé	Mitglieder des Elternbeirats und weitere Eltern (insbesondere aus den aktuellen 5. Klassen) stehen in einem definierten Bereich (Café) zum Gespräch zur Verfügung.
Informationen über Wahlfächer und außerschulische Angebote	je nach Fach/Aktivität sehr variable Vorstellung: • Roboterwerkstatt: „Battle" • Zirkus: Vorführung oder auch kleine Übungseinheiten • „Jugend forscht"-Gruppen: Experimente, Mikrokopieren, …

Abb. 15

ÜBERGÄNGE GESTALTEN ALS LANGFRISTIGES VORHABEN

Beispiel 1: Das Projekt „2. Kitzinger Schreibwerkstatt"
In diesem Projekt sollte schulartübergreifend ein Produkt gemeinsam erstellt werden. Die Arbeit der Teilnehmer aus verschiedenen Schularten wurde durch die Schulaufsicht begleitet und unterstützt.

Die Idee
Leseförderung, Freude am Schreiben, die Einbeziehung digitaler Medien, Teilhabe am literarischen Leben und die Realisierung der Gestaltung des Übergangs von der Grundschule in das Gymnasium sollten in einem Projekt verbunden werden, das lehrplangerecht und motivierend zugleich ist.

Die Phasen
Grundschüler und Gymnasiasten schrieben je eine von Paul Maar, dem bekannten Kinder- und Jugendbuchautor, verfasste Geschichte weiter. Teilweise nahmen sie sich einen Textanfang vor und schrieben mehrere Fortsetzungen abwechselnd. So entstand ein Dialog zwischen Grundschule und Gymnasium.

Abb. 17 2. Kitzinger Schreibwerkstatt

Paul Maar, assistiert von seiner Tochter Anne (bekannt durch viele Kinderbücher und Geschichten), verfasste in Gestalt des (bekannten) Sams Kommentare, die die jungen Autoren bei der Überarbeitung berücksichtigten. Damit entstand in einer direkten Kommunikation zwischen Autor und Leser bzw. Schreiber ein idealer Lese-/Schreibprozess. Der wurde aber nur deshalb möglich, weil sich alle Beteiligten moderner Medien im Internet bedienten: Wiki, Chat und Web. Dennoch (oder vielleicht gerade deswegen) wurde daran festgehalten, das Endprodukt als Printmedium in der Kitzinger Stadtbücherei vorzustellen.
Ganz im Sinn der Aufgabe, den Übergang von der Grundschule in die weiterführenden Schulen für das Kind möglichst förderlich zu gestalten, basierte die 2. Kitzinger Schreibwerkstatt auf einer nahezu gleichen Teilnehmerzahl von Grundschul- und Gymnasialklassen.

Die **Dokumentation** finden Sie unter:
http://www.uebergaengegestalten.de/686.html,
weiterführende Literatur mit vielen Beispielen unter http://www.virtuellegrundschule.de/projekte.html bzw. http://www.uebergaengegestalten.de/634.html.
Eine Fortführung erfuhr die 2. Kitzinger Schreibwerkstatt durch die „Digitale Kitzinger Märchenwerkstatt", die Grundschule und Hauptschule zusammenführte, sowie durch die Augsburger Schreibwerkstatt.

Näheres unter: http://www.uebergaengegestalten.de/817.html

Beispiel 2: Das Projekt „Digitale Kitzinger Märchenwerkstatt"

Die Digitale Kitzinger Märchenwerkstatt 2011 stellt eine Weiterführung der 2. Kitzinger Schreibwerkstatt dar – mit dem Schwerpunkt, Grundschule und Haupt-/Mittelschule einander näherzubringen. Das Projekt wurde in Kooperation mit der Märchenstiftung Walter Kahn und der Deutschen Akademie für Kinder- und Jugendbuchliteratur in Volkach durchgeführt.

Ziele

Unter Beibehaltung der Ziele der 2. Kitzinger Schreibwerkstatt wurde dabei der Schwerpunkt auf den mündlichen Sprachgebrauch und die literarische Form des Märchens gelegt. Teilnehmer waren Schüler der Klassen 3 oder 4 der Grundschulen sowie Klasse 5 der Haupt- bzw. Mittelschulen im Schulamtsbezirk Kitzingen.

Ablauf

- Interessierte Grund- und Haupt- bzw. Mittelschulen gingen im Vorfeld der Veranstaltung aufeinander zu und benannten Lehrkräfte sowie Klassen, die im Laufe des Projekts miteinander kooperieren sollten.
- In einer Auftaktveranstaltung für die Lehrkräfte hielt der Präsident der Deutschen Akademie für Kinder- und Jugendliteratur Prof. Dr. Kurt Franz einen Fachvortrag zum Thema „Märchen" als Einstimmung.
- Anschließend präsentierten sich die am Projekt beteiligten fünf Märchenerzählerinnen (unterfränkischer Erzählkreis) den teilnehmenden Grund- und Haupt- bzw. Mittelschullehrkräften. In einem Losverfahren wurden die Erzählerinnen den Schulen zugeordnet.
- In den so entstandenen Kleingruppen wurde die weitere Vorgehensweise gemeinsam mit der jeweiligen Märchenerzählerin geplant.
- Die Folgestunden waren gekennzeichnet durch die gemeinsame, auch schulartübergreifende Werkstattarbeit.
- In einer Schlussveranstaltung konnten Schüler ihre Ergebnisse vortragen.
- Alle Phasen des Projekts sowie alle Texte, Bilder, Videos und Podcasts sind im Internet veröffentlicht.

Eine Auswahl der von den Schülern gewählten Formen des Ausgestaltens und Weiterführens zeigt die beeindruckende Vielfalt:

- Bilder malen
- Märchen frei erzählen
- Märchen selbst erfinden
- Märchen anderen erzählen
- Märchen umschreiben und fortsetzen
- Darstellung eines Märchens aus verschiedenen Sichtweisen
- Gestaltung eines Märchenbuchs
- „Märchen aus dem Karton"
- Märchen in Bewegung umsetzen
- Märchen in Töne umsetzen
- ein Schattenspiel aufführen
- einen Rap zu einem Märchen dichten und aufführen
- einem Märchen Farben zuordnen
- einen Fernsehspot produzieren
- einen Podcast produzieren
- Gestaltung eines immerwährenden Märchenkalenders
- digitale Erstellung eines Märchen-Quiz
- ein Wiki als Arbeitsgrundlage verwenden

Abb. 18 Wie kommt der Frosch in den Computer?

Mehr unter: www.uebergaengegestalten.de/825.html

ÜBERGÄNGE GESTALTEN ALS LANGFRISTIGES VORHABEN

Beispiel 3: Das Projekt „1. Augsburger Schreibwerkstatt" (Übergänge mit Studierenden vorbereiten)

Überblick

Die 1. Augsburger Schreibwerkstatt wurde mit Schülern einer 8. Klasse einer Hauptschule und Studierenden der Universität Augsburg durchgeführt und von der Virtuellen Schule begleitet.

Besonderer Wert wurde bei der Erarbeitung gelegt auf
- die in der gegenwärtigen Schreibdidaktik formulierten Schwerpunkte,
- die sinnvolle Einbeziehung digitaler Medien,
- den externen Kontakt mit einer Kinder- und Jugendbuchautorin und mit der Fachdidaktik Deutsch der Universität Augsburg,
- Nachhaltigkeit durch Veröffentlichung im Internet.

Plan des Projektverlaufs

1. Die Schüler schreiben den Anfang einer Science-Fiction-Geschichte der renommierten Autorin Heidemarie Brosche weiter und üben sich so neben dem gestaltenden Erzählen auch im Lesen.

2. Aus der Geschichte heraus sind zwei für die berufliche Orientierung wichtige Textsorten zu erarbeiten: der „fantastische Lebenslauf" und ein Bewerbungsschreiben der Hauptfigur. Auch innerhalb des fiktionalen Rahmens müssen Lebensläufe und Bewerbungsschreiben formalen und funktionalen Anforderungen der Textsorte entsprechen, erhalten aber zusätzlich ein spielerisch-imaginatives und hoffentlich motivierendes Element.

3. Die Texte werden zunächst in ein Wiki der Virtuellen Schule (Bereich www.uebergaengegestalten.de) eingestellt.

4. Die Studierenden eines parallel laufenden Seminars am Lehrstuhl für Didaktik der deutschen Sprache und Literatur an der Universität Augsburg (Prof. Dr. Klaus Maiwald) (http://www.philhist.uni-augsburg.de/de/lehrstuehle/germanistik/didaktik/) werden zu Schreibpaten. Im Wiki lesen und kommentieren sie die Texte und geben Hilfestellungen für deren Überarbeitung. Denkbar ist weiter, dass die Studierenden selbst schreiben und sich etwa in einem Lebenslauf bei den Schülern vorstellen.

5. Die Ergebnisse werden auf der öffentlich zugänglichen Webplattform www-uebergaengegestalten.de veröffentlicht und in die Virtuelle Schule (virtuelle-schule.de) eingestellt. Das Projekt begann im Mai 2011.

Die bei der Projektarbeit gewonnenen Erkenntnisse helfen den Studierenden (aller Lehrämter), Inhalte, Ergebnisse und Schwierigkeiten einzuordnen und im späteren Beruf umzusetzen auch im Hinblick auf eine optimale Gestaltung der Übergänge.

Mehr unter http://www.uebergaengegestalten.de/816.html

Weitere Beispiele: http://www.uebergaengegestalten.de/634.html

Weiterführende Literatur: Akademie für Lehrerfortbildung und Personalführung Dillingen (Hrsg.): Übergänge gestalten. Grundschule – weiterführende Schulen. Akademiebericht Nr. 454 (2010)

4.1.2 Voneinander wissen – voneinander lernen

> Wenn der Kontakt zwischen den betreffenden Personengruppen, also den Lehrkräften der verschiedenen Schularten, aufgebaut und gefestigt ist, schließt sich der Prozess der wechselseitigen fachlichen Information an. Für diesen Wissensaustausch sind gemeinsame Fachkonferenzen und Veranstaltungen zur systematischen Schulentwicklung von besonderer Bedeutung.

Voneinander wissen – voneinander lernen kann Unterschiedliches bedeuten:
- Lehrpläne vergleichen
- kritische Schwerpunktthemen bearbeiten (z. B. Deutsch: Aufsatzerziehung, Mathematik: Subtraktionsverfahren)
- ein Methodencurriculum entwickeln
- einen Beratungsverbund herstellen, besonders für Schüler mit erhöhtem Unterstützungsbedarf
- die Schullaufbahnberatung kontinuierlich durchführen
- schulartübergreifende Fortbildungen anbieten

Beispiel 1: Methodencurriculum

Im Rahmen von Fortbildungsveranstaltungen erarbeiten Lehrkräfte der verschiedenen Schularten einen „Methodenordner". Dieser wird in der Grundschule eingeführt, speziell im Hinblick auf den Übergang „Grundschule – weiterführende Schulen" zusammengestellt und bis zum Ende der Schullaufbahn gemeinsam weiterentwickelt.

Methodencurriculum für die 3.–5. Jahrgangsstufe	
Methode	**Jahrgangsstufe**
Sinnentnehmendes Lesen (1)	3
Arbeiten mit Nachschlagewerken	3
Gestalten von Einträgen, von Plakaten zur Präsentatation	3
Referate vorbereiten und halten	4
Informationen beschaffen	4
Arbeiten mit dem Karteikasten (1)	4
Gegenseitiges Kontrollieren	4
Sinnentnehmendes Lesen (2)	5
Sinnvolles Markieren	5
Arbeit mit dem Karteikasten (2)	5
Texte/Infos als „Spickzettel"	5
Diskutieren (1)	5
Lesetagebuch	5

Quelle: ALP DILLINGEN 2008

Beispiel 2: Fortbildung „English Training Day" (Intensivkurs für Lehrkräfte verschiedener Schularten)

Abb. 19 English Training Day

Lehrkräften wird die Gelegenheit gegeben, über die fachlich-inhaltliche Seite hinaus gemeinsam mit Lehrkräften aus den anderen Schularten im Fach Englisch Kontakte zu knüpfen und ins Gespräch zu kommen. So gestaltete ein „native speaker" aus England schulartübergreifende Fortbildungstage:

ÜBERGÄNGE GESTALTEN ALS LANGFRISTIGES VORHABEN

Bericht eines Teilnehmers

Die Intention des Lehrgangs lag darin,
- Englischlehrkräften einen ganzen Tag der Immersion ins Englische zu bieten,
- die Bedeutung und Effektivität schülerzentrierter Arbeitsformen im Englisch-Unterricht zu demonstrieren,
- die Begegnung von Englischlehrkräften unterschiedlicher Schularten zu fördern.

Diese Grundintentionen wurden alle erfüllt, darüber hinaus leistete diese Veranstaltung aber noch weit mehr. Das wird wohl am deutlichsten, wenn man sich die einzelnen Schwerpunkte des Tages nochmals vor Augen führt.

Natürlich kennt man verschiedene Kennenlernspiele, aber Barry präsentierte mit großem Einfühlungsvermögen eine Version, welche die kommunikative Integrität der Teilnehmer bewahrte, sprich, keiner musste Angst haben, sich sprachlich zu blamieren, und welche gleichzeitig auch jenes mitunter leidige „Herunterrasseln" der eigenen Funktion und des individuellen Dienstortes – gerade bei einer schulartverschiedenen Teilnehmerschar enorm wichtig – verhinderte, indem man sich eine neue Identität zulegte.

„Breaking the ice" nennt man das und damit hat man sich nicht nur kennengelernt, sondern auch schon die erste „verwertbare" Methode für den eigenen Unterricht „in der Tasche". Als sehr positiv empfand ich die partizipative Präsenz der Vertreter der Schulverwaltung am Vormittag. Dies zeigt, dass das Modell „Übergänge gestalten" durchaus mit Nachdruck auch von administrativer Seite verfolgt wird.

Im Mittelpunkt stand sicherlich die praktische Umsetzung des an diesem Tag „Erlernten". Das gelang dem Kursleiter nicht nur durch gut ausgewählte Beispieleinheiten, sondern vor allem auch durch ein sehr professionelles Moderieren. Er begann die einzelnen Phasen stets mit einem unterrichtspraktischen Teil, bei dem die Kollegen zunächst die Rolle der Lernenden übernahmen. Dem folgten logisch nachvollziehbare theoretische Überlegungen (sowohl linguistischer als auch didaktisch-methodischer Art); damit konnten die Teilnehmer unvermittelt auch gleich die Perspektive des Lehrenden übernehmen.

Thematisch wurden folgende wesentlichen Bereiche abgedeckt:

Sprachbetrachtung/Grammatik
- Using (British) English in the context of real situations
- The music of English (pronunciation and intonation)
- Idiomatic English
- The language of the classroom
- Traps of learning English for beginners and intermediate learners (e.g. personal pronouns and possessives; simple and progressive forms etc.)

Methodik/Didaktik
- Teaching Aids
- Teaching Objectives
- Stages of the lesson
- Usefulness of mistakes
- Communication vs. Accuracy
- Induktive Grammatikeinführung
- Importance of backward built-up/remedial teaching (nachhaltiges, korrigierendes Lehren und Lernen)
- Importance of variety and fun in the process of language learning

(Oberstudiendirektor Klaus-Peter Schmidt, Ebern)

Weitere Beispiele unter: http://www.uebergaengegestalten.de/634.html

4.1.3 Strukturen zur Unterstützung schaffen

> Gelungene Maßnahmen, den Übergang zu optimieren, gibt es seit Jahren vielerorts. Doch nur selten sind diese Aktivitäten und Veranstaltungen systematisch über die Schuljahre verteilt oder zur Institution geworden. Dies ist aber notwendig, damit ein breit gefächertes Bewusstsein bei den Beteiligten von der Notwendigkeit dieses Handelns entsteht. Nur dann ist auch die gewünschte Nachhaltigkeit gegeben.

Die folgenden Aktivitäten haben sich u. a. bewährt, um Strukturen zu schaffen:
- gezieltes Einrichten regionaler Steuergruppen
- „Kleeblätter"
- regelmäßige Dienstbesprechungen
- Übergabekonferenzen
- „Jour fixe" der Schulaufsicht
- Lehrgänge an landesweiten Akademien für Fortbildung
- Einbeziehen der Referendarausbildung
- Ernennen von Ansprechpartnern an den Schulen
- Zusammenarbeit mit Hochschulen und Zentren für Lehrerbildung intensivieren
- Schaffung einer virtuellen Plattform (Beispiel: http://www.uebergaengegestalten.de – vgl. Kap. 4.2.2)

Kleeblätter
Als erfolgreiche Methode, den Übergang von der Grundschule in die weiterführenden Schulen zu optimieren, hat sich in Bayern die Bildung sogenannter Kleeblätter erwiesen. In den Kernfächern Mathematik, Deutsch und Englisch schließen sich Kooperationsteams mit jeweils einem Vertreter der Schularten zusammen (Bayern: Grundschule, Haupt-/Mittelschule, Realschule und Gymnasium), die sich regelmäßig austauschen und ihre Arbeit aufeinander abstimmen.
Entstanden ist dieses Konzept innerhalb des Projektes „Übergänge gestalten", ursprünglich für den Übergang im Englischunterricht zwischen der 4. Klasse Grundschule und den 5. Klassen der verschiedenen weiterführenden Schulen. Aber auch in den beiden anderen Fächern bietet sich eine Verzahnung an.

Eine solche Verzahnung kann unterschiedliche Inhalte haben:
- regelmäßiger Erfahrungsaustausch
- Hospitationen an den unterschiedlichen Schularten:
  - gegenseitige Unterrichtsbesuche der Lehrer (wichtig: immer mit Nachbesprechung und Reflexion)
  - Unterrichtsmitschauen der Schüler
- Kennenlernen des Lehrplans der Grundschule:
  - Lehrplansynopsen
  - Vergleich der verschiedenen Lehrwerke
- Kennenlernen der typischen Arbeitsformen/Arbeitsweisen:
  - methodische Bausteine (Bereicherung des eigenen methodischen Repertoires)
  - Sozialformen
  - Unterrichtsmittel
- Kennenlernen des Lernstandes und des Lernniveaus der Schüler (evtl. auch Einblicke in Tests)
- Erstellung eines Kriterienkataloges zur Erleichterung des Übergangs (für die Fächer), z. B. Englisch:
  - verstärkte Hinweise auf die Unterscheidung zwischen Schriftbild und Aussprache
  - Möglichkeiten der Wortschatzeinübung
  - Einübung von Strukturen
  - diverse Übungsformen
  oder Deutsch:
  - Rechtschreibung
  - Aufsatz
  In einen solchen Kriterienkatalog lassen sich auch immer die Methoden mit aufnehmen, die die Schüler bereits kennen.
- Fortbildungen für Englischlehrer der verschiedenen Schularten sowie für Referendare

Ein besonders wichtiger Aspekt der Kleeblätter ist auch der Abbau von Vorurteilen zwischen den Lehrern der verschiedenen Schularten.

Langfristiges Ziel sollte es sein, die Lehrer der Schulen miteinander zu vernetzen, um die Pädagogik und Methodik der Fächer in den 4. und 5. Klassen möglichst genau aufeinander abstimmen zu können und so einen reibungslosen Übergang der Grundschüler an eine weiterführende Schule zu ermöglichen.

ÜBERGÄNGE GESTALTEN ALS LANGFRISTIGES VORHABEN

Beispiel 1: Aus der „Kleeblatt"-Arbeit in Mathematik: eine märchenhafte symmetrische Begegnung mit der Mittelschule Iphofen – mit Mathematik Übergänge gestalten

An drei Vormittagen nutzten die Viertklässer aus Iphofen mit Frau Groll, aus Mainbernheim mit Frau Ebert und Frau Rauscher, aus Markt Einersheim mit Herrn Hana und aus Willanzheim mit Frau Emmrich die Gelegenheit, den Kontakt zu den Mittelschülern aus Iphofen herzustellen und das Schulleben kennenzulernen. Die gebundene Ganztagsklasse 5a der Dr.-Karlheinz-Spielmann Mittelschule mit ihren Lehrern Frau Treuheit und Herr Herrmann hatte zu einer „märchenhaften symmetrischen Begegnung" eingeladen, bei der die Iphöfer Schüler als Experten verschiedene Stationen eines Workshops zum Thema „Symmetrie" vorbereitet hatten. Die Grundschüler durften in einer Rallye durch das Schulhaus diese Stationen gemeinsam mit den Fünftklässlern bearbeiten. Neben künstlerischen und tänzerischen Aktivitäten fanden vor allem die Arbeit mit einem dynamischen Geometrieprogramm sowie der praktische Umgang mit verschiedenen Spiegeln großen Anklang.

Abb. 20 Justin und Maxi erklären Viertklässlern die Funktionsweise des Miraspiegels

Dabei beschränkte sich der Austausch zwischen Grund- und Mittelschülern nicht nur auf den mathematischen Bereich, auch der Spaß kam dabei nicht zu kurz. Besonders die bekannten Schüler und Lehrer aus der noch nicht lange zurückliegenden Grundschulzeit wurden von den Fünftklässlern herzlich begrüßt.
In einer abschließenden Gesprächsrunde konnten Fragen der Grundschüler über den Schulalltag in einer gebundenen Ganztagsklasse von den Mittelschülern kompetent beantwortet werden. Insgesamt sind alle drei Begegnungstermine sehr harmonisch abgelaufen. Besonders über das positive Feedback der Grundschüler haben sich die Fünftklässler sehr gefreut.
Nicht zuletzt der Austausch zwischen den Lehrkräften wurde von den Iphöfer Lehrern als große Bereicherung empfunden. Die Schule hat mit diesem Projekt einen erfolgreichen Beitrag dazu geleistet, den Übergang zwischen Grundschule und Mittelschule aktiv mitzugestalten und ein positives Bild dieser Schulart zu vermitteln.
Bei der Frage eines Fünftklässlers „Wann kommen denn die nächsten Grundschüler, das wollen wir wieder machen?" musste dann aber von den Lehrern Herrn Herrmann und Frau Treuheit auf das nächste Jahr verwiesen werden, da alle Schulklassen aus dem Schulsprengel bereits an diesem Projekt teilgenommen haben.

Foto: Andreas Herrmann; Bericht: Dagmar Treuheit

Beispiel 2: Aus der „Kleeblatt"-Arbeit in Deutsch: schulart-, fächer- und jahrgangsübergreifendes Arbeiten im Fach Deutsch

Drei Klassen unserer drei Veitshöchheimer Schulen (Grundschule: Klasse 4c, Mittelschule: Klasse 5b und Gymnasium: Klasse 5b) sind am kompetenzorientierten, fächerübergreifenden Unterrichtskonzept beteiligt, das im Rahmen des Leitfachs Deutsch angesiedelt ist.

Das Konzept „Übergänge gestalten" wirkt auf drei Ebenen:

Ebene 1: DIDAKTISCHE EBENE (Deutsch) und weitere Fachdidaktiken:
Kunst, Musik, Sport, evtl. Religionslehre/Ethik
Auf der deutschdidaktischen Ebene wird ein Unterrichtskonzept für alle drei Klassen erstellt, das die Themen und Gegenstände der Deutschlehrpläne aller drei Schularten bedient und zugleich fächerübergreifenden Unterricht und Projektunterricht realisiert: Darstellendes Spiel, Sprechtheater, Musiktheater, Einfühlen in eine Rolle, Texte als Sprechpartituren realisieren, Körperarbeit beim Spiel und schließlich Bühne/Bauten, Musik und Tanz als synästhetisches Gesamtkunstwerk und Erlebnis für alle Sinne sind Gegenstand dieses Unterrichtsprojekts – das gemeinsame Erarbeiten und Aufführen eines Adventssingspiels.
Ziel ist, das Singspiel in all seinen Teilbereichen (Sprechen, Spielen, Singen, Tanzen, Bühne/Bauten/Kostüme) im fächerübergreifenden Unterricht mit dem Leitfach Deutsch zu erfassen und zwar mit Schülern aller drei Schulen gemeinsam. Hier werden Synergieeffekte genutzt, wenn ein Theaterworkshop für alle drei Klassen organisiert wird, wenn die Ressourcen (finanzielle, räumliche, personelle, die Ausstattung mit Musikinstrumenten, Kunstmaterial, Medien) aller drei Schulen genutzt werden. Zugleich wird fächerübergreifend deutlich, dass Musik, Spiel, Bühne und Kostüme zusammenwirken und gemeinsam erstellt werden müssen. Kinder aller drei Klassen kommen immer wieder in gemischten Gruppen zusammen, um Kostüme zu gestalten, den Stall zu bauen, die Chorpartien und Soli sowie die Sprechtexte zu üben.

Ebene 2: PÄDAGOGISCHE EBENE
Ebenso wichtig ist die pädagogische Seite des Projekts: „Freundschaft endet nicht an der Schultüre" lautete das Motto bei der Auftaktveranstaltung Ende September, als alle Schüler zum ersten Mal zusammentrafen. Nicht nur wichtige soziale Kompetenzen wie Teamfähigkeit, Kooperationsbereitschaft, gemeinsames Planen, Organisieren, Diskutieren von Optionen, Verteilen von Aufgaben etc. werden eingeübt, sondern auch Toleranz und Verständnis für andere, Rücksichtnahme und gegenseitige Unterstützung im Rahmen eines größeren gemeinsamen Projekts, Anerkennen und Wertschätzen der Fähigkeiten und Qualitäten aller Beteiligten. So werden nicht nur die Schulkameraden vom letzten Jahr wieder getroffen, Freundschaften gefestigt oder neu geschlossen, der nicht immer einfache Umgang miteinander eingeübt; auch die – nicht nur räumliche – Trennung durch die verschiedenen Schularten und -häuser wird überwunden und reflektiert.
Von besonderer Bedeutung ist im pädagogischen Bereich auch, dass das Singspiel im Rahmen einer Benefizveranstaltung zur Unterstützung in Not geratener Kinder durchgeführt wurde: Das „Sternencafé" bietet nach der Aufführung selbst gebackene Plätzchen und Lebkuchen, Tee und kalte Getränke an, einen gemütlichen Rahmen, um den Abend gemeinsam ausklingen zu lassen, ins Gespräch zu kommen. Dabei werden die Gäste (offizielle Gäste, Verwandte und Freunde der beteiligten Schüler) von den Kindern bedient und die eingehenden Spenden werden an ein Projekt der „Sternstunden" des Bayerischen Rundfunks weitergeleitet. Auch so lernen alle Beteiligten, von sich abzusehen und für das gemeinsame Hilfsprojekt zu kooperieren. Viele Kompetenzen werden auch im Rahmen der Benefizveranstaltung erworben: Wie gestalte ich einen solchen Abend mit Musiktheater und Café? Wie erkläre ich das soziale Projekt, für das die Spenden gesammelt werden? Wer muss eingeladen werden, wer gehört zur Schulfamilie, wer kommt hinzu, wie erstellen wir passende Einladungen und Plakate, wie formulieren wir die Einladungsbriefe? Welche außerschulischen Institutionen (Presse, Bürgermeister, ...) spielen in diesem Zusammenhang eine Rolle? Welches Zeitkorsett müssen wir einhalten, wie organisieren wir Essen und Getränke für den Abend, wer gestaltet das „Café" und wie empfangen und begleiten wir unsere Gäste? All dies gemeinsam zu diskutieren, Aufgaben zu verteilen ist eine starke Herausforderung, die die Kinder vielfach über sich selbst hinauswachsen lässt.

ÜBERGÄNGE GESTALTEN ALS LANGFRISTIGES VORHABEN

Eine Besonderheit ist auch die jahrgangsübergreifende Arbeitsweise. Ältere Schüler des Gymnasiums nehmen die jüngeren Kinder unter ihre Fittiche: Das Theaterteam und das Technikteam stehen als Helfer bei Maske und Kostümen, beim Aufbau der Bühne, Ton und Beleuchtung zur Verfügung; schwierigere Gesangsparts und das Instrumentalensemble übernehmen ältere Schüler. So werden Interesse und Wertschätzung der jüngeren Kinder und ihrer Anstrengung zum Ausdruck gebracht, Begegnung und Erfahrung von Können und künstlerischem Anspruch en passant vermittelt, der Ansporn zu eigener Leistung gegeben, unaufdringlich gezeigt, was Schulfamilie bedeuten kann.

Ebene 3: INSTITUTIONELLE EBENE: SCHULEN

Durch das Projekt wird auch die Schulentwicklung gefördert: Die Kooperation erfordert intensive Auseinandersetzung und Kooperation aller beteiligten Lehrkräfte, das Ausloten und geschickte Einsetzen und Vernetzen aller vorhandenen Ressourcen, aber auch das Wahrnehmen und teilweise Überwinden verschiedener Rahmenbedingungen (Stundentafeln, Fachunterrichtsprinzip am Gymnasium, eher fächerübergreifend orientierter Unterricht mit Klasslehrerprinzip in Grundschule und Mittelschule, intensive Übertrittsvorbereitungen in der vierten Klasse Grundschule, Räume und Ressourcen). Die Frage nach einer Schularten übergreifenden Gemeinschaft und Kooperation stellt sich. Von Bedeutung ist auch die Kooperation mit außerschulischen Institutionen, die für alle Schularten gleichermaßen wichtig und interessant ist: Städtische Bühnen etwa als Anbieter von Theaterworkshops, Presse, Gemeinde, Druckereien, Sponsoren etc.

Beispiel 3: Aus der „Kleeblatt"-Arbeit in Englisch:

Kleeblatt-Strukturen
Ausgehend von der schulartübergreifenden Lehrerfortbildung *Übergänge gestalten: Kooperation Grundschule – weiterführende Schulen „Kleeblatt Englisch"* am 27. April in Marktbreit bildete sich um die VS-Prichsenstadt ein neues „Englisch-Kleeblatt". Beteiligte Schulen sind die Volksschule Prichsenstadt, die Dreifranken-Volksschule Burghaslach-Geiselwind, die Volksschule Wiesentheid, die Realschule Dettelbach und das Gymnasium Wiesentheid.
Neun Englischlehrkräfte der oben genannten Schulen trafen sich Anfang Juli in Prichsenstadt. Hier wurden die amtlichen Englischlehrpläne und Lehrwerke von Grundschule und dem fünften Jahrgang der weiterführenden Schulen verglichen, Absprachen getroffen und weitere Termine vereinbart. So wurden für den Herbst wechselseitige Hospitationen avisiert. Die beteiligten Lehrkräfte kamen überein, dabei nicht nur eine Unterrichtsstunde zu beobachten, sondern den jeweiligen Lehrer einen ganzen Schultag zu begleiten. Auf diese Weise würde man einen besseren Einblick über die Arbeitsweise der jeweiligen Schulart gewinnen. Auch „Schnupperstunden" der Viertklässler an den weiterführenden Schulen wurden vereinbart. Inzwischen nahmen bereits Kinder der vierten Klassen aus Prichsenstadt an einer Englischstunde an der Realschule in Dettelbach teil. Wieder zurück in der Volksschule, berichteten sie begeistert von ihrem Ausflug.
(Gabriele Freiberg)

English morning mit Grundschule und weiterführenden Schulen
In Lohr kamen etwa 320 Kinder zu einem „English morning" in das Schulzentrum: die Schüler der vierten Klassen einer Grundschule sowie die fünfte Jahrgangsstufe der Hauptschule, Realschule und des Gymnasiums. Sie vertieften an vielen Stationen spielerisch ihre Englischkenntnisse.
(Gabi Krista, Lohr)

Mehr unter http://www.uebergaengegestalten.de/521.html

Übergabekonferenzen

Ein gelungenes Beispiel für die Optimierung von Strukturen für den erfolgreichen Übergang ist das Prinzip der Übergabekonferenz: Grundschullehrkräfte und die Lehrkräfte der entsprechenden weiterführenden Schule kommen am Ende des Schuljahres (Klassenbildung sollte weitgehend abgeschlossen sein) zusammen, um sich auszutauschen.

Durch die Zusammenarbeit zwischen der abgebenden Grundschule und der aufnehmenden weiterführenden Schule:
- werden pädagogisch und organisatorisch relevante Informationen weitergegeben, müssen also nicht erst im Laufe eines neuen Schuljahres mit erheblicher zeitlicher Verzögerung neu erfasst und ausgewertet werden,
- können bewährte Hilfs- und Förderstrategien nahtlos fortgeführt, misslungene dagegen ausgeschlossen werden,
- wird die Arbeit der GS-Kollegen gewürdigt,
- wächst Kooperation zwischen den Schulen aus organischen, sprich schülerorientierten Notwendigkeiten heraus, zwischen Kollegen, unabhängig von den Schulleitungen,
- werden insbesondere die Beratungsdienste dadurch entlastet, dass bereits geleistete Beratungsarbeit gesichtet wird.

Beteiligte an einer Übergabekonferenz sind:
- Klassenlehrer der 4. Klassen
- künftige Klassenlehrer der weiterführenden Schule
- Beratungslehrer beider Schulformen als Moderatoren
- im Vorfeld: Schulleiter aller beteiligten Schulen (dadurch dienstliche Absicherung)

Für die Organisation bietet sich folgendes Vorgehen an:
- Im Frühjahr stellen die Beratungslehrer als Koordinatoren untereinander den Kontakt her.
- Grundschullehrkräfte geben bei einem Elternabend Hinweise auf Übergabekonferenz, (Einverständniserklärungen für Datenaustausch!). Insbesondere die Eltern der betroffenen Schüler stehen jeder Hilfe sehr positiv gegenüber.
- Jeder Beratungslehrer spricht sich mit seinem Schulleiter ab (Absicherung, Transparenz, Schulentwicklung, Förderung der Kooperation).
- Anfang Juli: Alle Grundschullehrer erhalten mit der Einladung „Checkliste" zu relevanten Informationen (vgl. Rechtzeitig vorher muss eine Einladung mit den wichtigsten Informationen herausgehen (vgl. Abb. 21, KV 10 – S. 112 bzw. Einladung_zur_Uebergabekonferenz.doc auf CD) und können sich so ihre eigenen Klassen und Problemschüler genau ansehen.

Hinweis: Für das Treffen genügend Zeit einplanen, da neben der bloßen Information auch der Austausch zwischen Kollegen anzubahnen ist (z. B. 14.30–17.00)!

Für die Übergabekonferenz wird folgendes Material benötigt:
- Schülerlisten
- Checkliste: Relevante Informationen für Übergabe (s. 2. Blatt!)
- Schülerakte

Während der Übergabekonferenz äußern sich die abgebenden Lehrer klassenweise zu den Schülern, die übergaberelevante Auffälligkeiten haben:
- extreme Leistungsprobleme
- Teilleistungsstörungen, LRS, Legasthenie, Dyskalkulie
- Behinderungen
- Sprachprobleme/Migrationshintergrund
- familiäre Probleme (Scheidung, Todesfälle)
- seelische Schwierigkeiten oder Erkrankungen
- massive Schulversäumnisse
- Arbeit mit Beratungslehrer/Schulpsychologe/MSD

Der „aufnehmende" Klassenlehrer sowie der Beratungslehrer der weiterführenden Schule notieren wichtige Fakten, fragen nach, andere Grundschulkollegen ergänzen Einzelheiten. Die Moderation muss darauf achten, dass zügig vorangegangen wird und dass die Kollegen strukturiert informieren.

Bei entsprechenden Empfehlungen kann:
- die Schulleitung der weiterführenden Schule auf genannte Probleme eingehen (Klassenzusammensetzungen, Ganztags-/Regelklasse, Anforderung von MSD, Einsatz von Förderlehrern, Förderstunden),
- der Klassenlehrer der weiterführenden Schule seine Arbeit entsprechend vorbereiten (Sitzordnung, frühe Elterngespräche, Kontakte

zu bisherigen Beratungsdiensten, zu eigenen Beratungsdiensten, Studium der Schülerakten, Kontakt zum Jugendamt, Einlesen in Fachliteratur,
- der Beratungslehrer der weiterführenden Schule mit Schulleitung und Lehrer entsprechende Förder- und Hilfsmaßnahmen einleiten und gegebenenfalls erforderliche Überprüfungen (Legasthenie) vorbereiten.

Das Konzept der Übergabekonferenz hat aber auch Grenzen, die es zu berücksichtigen gilt:
- Für mehr als zwei neue Klassen ist sehr viel Zeit notwendig.
- Die Terminabsprache mit den Beteiligten gestaltet sich oft schwierig (durch späte Klassenbildung bedingt).
- Der Status der Datenübergabe ist datenschutzrechtlich abzuklären, da gegenüber Kindern und Eltern ein justitiabler Vertrauensschutz besteht (Elternzustimmung).
- Die Wahrnehmung sogenannter Problemschüler ist je nach Lehrerpersönlichkeit recht unterschiedlich.

Einladung zur Übergabekonferenz

_____, _____

Liebe Kolleginnen und Kollegen der 4. Klassen,

wie wir ja bereits in vielen Einzelgesprächen während des Schuljahres, etwa beim Beratungsabend der Grundschule, miteinander abgesprochen haben, wollen wir, die zukünftigen Lehrer der 5. Klassen, uns im Vorfeld der Klassenbildung für das kommende Schuljahr mit Ihnen als „abgebenden" Kollegen zu einem Gespräch über Schüler und zukünftige Klassen zusammensetzen. Dabei wurde _____ in _____ vorgeschlagen.

Aus unserer Sicht gibt es eine Menge wichtiger Fragen über unsere zukünftigen Schüler:
- Gibt es stark verhaltensauffällige Schüler?
- Leiden einzelne Kinder unter nachhaltigen Lern- und Leistungsstörungen?
- Welche Maßnahmen können hier helfen?
- Welche Stärken haben die Kinder?
- Welche Arbeitsweisen wurden eingeschult?
- Welche Einstellungen und Erwartungen der Elternschaft sind zu erwarten?
- Besteht Interesse, die 4.-Klässler an einem „Schnuppertag" durch die Schule führen zu lassen?

Wenn im Einzelfall nötig, wäre es sicherlich hilfreich, informative Unterlagen wie einzelne Schülerakten oder Klassenlisten mitzubringen. Wir freuen uns, dass Sie als erfahrene Klassenlehrer uns im Rahmen dieses Treffens das nötige Vertrauen und Vorwissen geben, um im neuen Schuljahr arbeitsfähige Klassenverbände aufzubauen und auf Ihrer fundierten Vorarbeit aufbauen zu können.

Mit kollegialen Grüßen

Abb. 21

Aus: http://www.uebergaengegestalten.de/522.html

4.2 Die Umsetzung

Das 7-stufige Modell zeigt eine Vorgehensweise auf, ausgehend von der Basis. Viele der dort aufgeführten Aktivitäten sind leicht übertragbar, manche müssen sicherlich vor Ort angepasst werden.

> Die in 4.1 vorgestellten „Gelingensbedingungen" sind das Gerüst des Konzepts von „Übergänge gestalten". Sinnvollerweise stehen am Anfang vertrauensbildende Maßnahmen. Im weiteren Verlauf dieser Entwicklung werden diese **grundsätzlichen „Gelingensbedingungen"** durch **weitere Maßnahmen** ergänzt.
> **Gelingensbedingungen**
> ▶ auf personaler, inhaltlicher und struktureller Ebene
> ▶ auf der Basis von vertrauensbildenden Maßnahmen
> **Schwerpunkte der weiteren Arbeit:**
> ▶ Inhalte und Methoden
> ▶ Lehrplan- und Schulbuch-Analysen
> ▶ Strukturierung der laufenden Arbeit

4.2.1 Überblick und Vorgehensweise

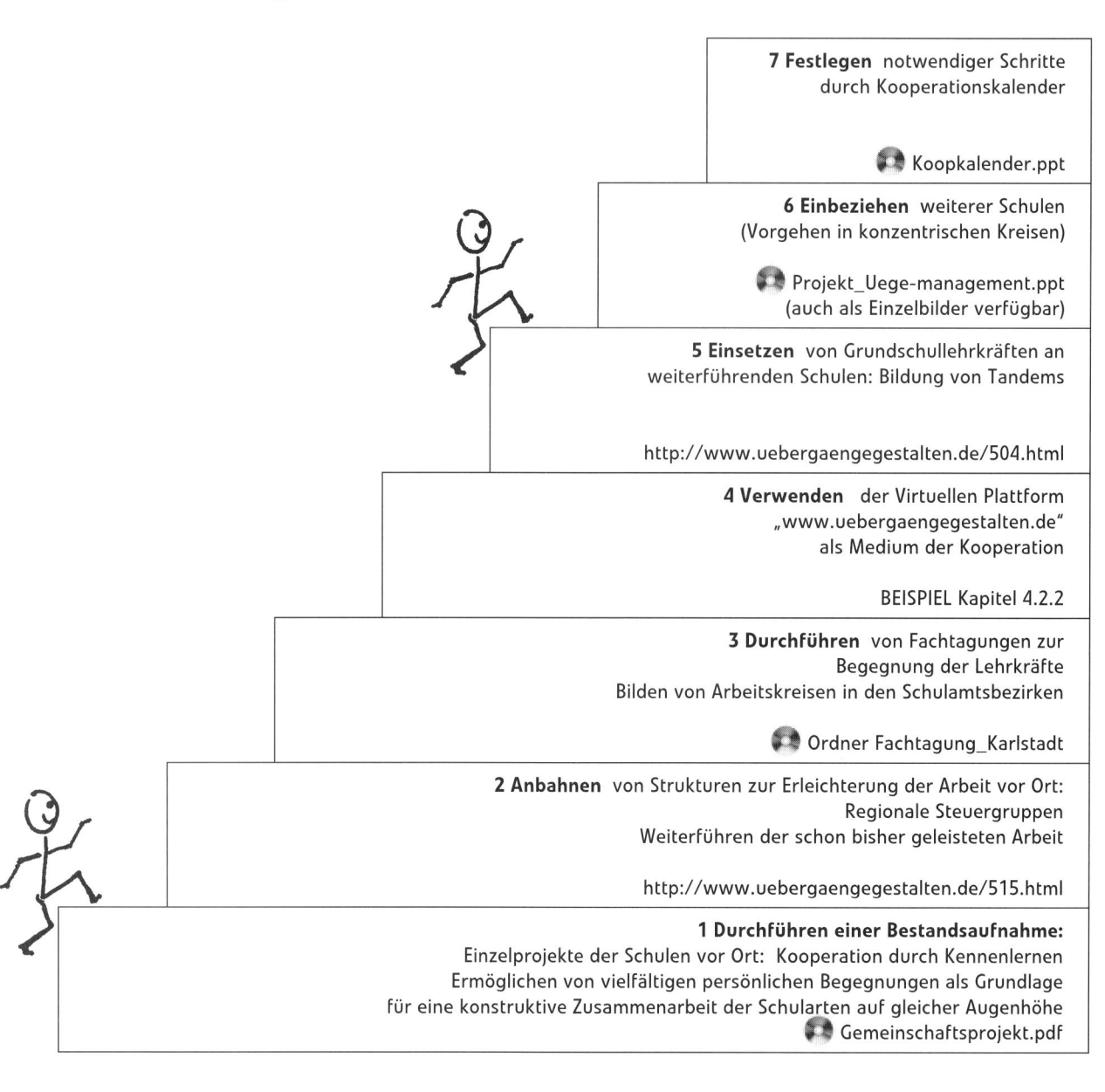

7 Festlegen notwendiger Schritte durch Kooperationskalender

Koopkalender.ppt

6 Einbeziehen weiterer Schulen (Vorgehen in konzentrischen Kreisen)

Projekt_Uege-management.ppt (auch als Einzelbilder verfügbar)

5 Einsetzen von Grundschullehrkräften an weiterführenden Schulen: Bildung von Tandems

http://www.uebergaengegestalten.de/504.html

4 Verwenden der Virtuellen Plattform „www.uebergaengegestalten.de" als Medium der Kooperation

BEISPIEL Kapitel 4.2.2

3 Durchführen von Fachtagungen zur Begegnung der Lehrkräfte
Bilden von Arbeitskreisen in den Schulamtsbezirken

Ordner Fachtagung_Karlstadt

2 Anbahnen von Strukturen zur Erleichterung der Arbeit vor Ort:
Regionale Steuergruppen
Weiterführen der schon bisher geleisteten Arbeit

http://www.uebergaengegestalten.de/515.html

1 Durchführen einer Bestandsaufnahme:
Einzelprojekte der Schulen vor Ort: Kooperation durch Kennenlernen
Ermöglichen von vielfältigen persönlichen Begegnungen als Grundlage
für eine konstruktive Zusammenarbeit der Schularten auf gleicher Augenhöhe

Gemeinschaftsprojekt.pdf

4.2.2 Stabilisierung und Ausweitung

„Übergänge gestalten" im Internet verankern

Virtuelle Plattformen können im Rahmen von „Übergänge gestalten" einen wichtigen Kristallisationspunkt darstellen. Sie dienen
- der Verbreitung von Informationen,
- der schnellen Kommunikation und
- stellen Web 2.0-Anwendungen wie Chat, Forum, Blog, Wiki zur Verfügung.

(vgl. dazu auch die „2. Kitzinger Schreibwerkstatt": http://www.uebergaengegestalten.de/686.html)

Teams aus allen Schularten arbeiten zusammen und veröffentlichen die Ergebnisse in der Virtuellen Grundschule (Jahrgangsstufen 1–4) bzw. Virtuellen Schule (Jahrgangsstufen 5–12). Die einzelnen Bereiche zeigen, dass der Fokus auf Lehrkräfte, Schüler und Eltern gelegt wird. Damit kann auch eine Kommunikation aller an Schule Beteiligten in Gang gesetzt und nachhaltig geführt werden.

Ziele der Virtuellen Schule sind:
- digitale Lernobjekte zum Unterricht verschiedener Schularten anzubieten,
- Schüler und Lehrer zum verantwortungsbewussten und effektiven Umgang mit dem Internet anzuleiten,
- „Internetwerkzeuge" wie Chat, Wiki, Foren in geschätzten Arbeitsräumen anzubieten und damit
- einen Beitrag zu neuen Lernformen zu leisten, vor allem zum eigenverantwortlichen Arbeiten.

Der Bereich „Übergänge gestalten" nimmt einen besonderen Stellenwert ein:
- Der Übergang von der Grundschule zu den weiterführenden Schulen ist für unsere Kinder und deren Eltern ein sehr bedeutendes Ereignis.
- Zwischen den Lehrkräften der einzelnen Schularten besteht ein Nachholbedarf an Kommunikation.
- Um Wissen und Informationen weiterzugeben, bietet sich der Einsatz einer digitalen Plattform zum Austausch der Informationen besonders gut an.
- Ausgezeichnete Beispiele im Rahmen der Bemühungen, diesen Übergang fließender zu gestalten, können hier dokumentiert und zeitnah multipliziert werden.

Gemeinsame Startadresse: http://www.virtuelle-schule.com

Weitere Schulen aktivieren

Das kontinuierliche Einbeziehen von Schulen hat Prozesscharakter. Es geschieht u. a. bei Fachtagungen, im Zusammenhang mit der Lehrerfortbildung, der Seminarausbildung oder durch Projekte wie das der „Kleeblätter" (vgl. Kapitel 4.1.3).

Beispiel: Virtuelle Schule – Projektplattform „www.uebergaengegestalten.de"

Beispiel: Fachtagung zum Übergang „Grundschule – weiterführende Schulen" (Juni 2008 in Karlstadt/Bayern)

Inhalt

Teilnehmer waren über 250 Lehrkräfte aus den Grund- und Hauptschulen, den Realschulen und Gymnasien einer Region. Sie waren der Einladung der Regierung von Unterfranken gefolgt, um die Zusammenarbeit anzubahnen bzw. bereits vorhandene Formen der Kooperation weiterzuentwickeln.

Ziel all dieser Bemühungen und Aktivitäten ist die optimale Gestaltung des Übergangs der Kinder von der Grundschule in die weiterführenden Schulen.

Eine zentrale Anlaufstelle war der Markt der Möglichkeiten, ein reichhaltiger Ideenschatz, der die Bandbreite der Kooperationsmöglichkeiten zwischen den verschiedenen Schularten durch Fotodokumentationen oder gestaltete Pinnwände aufzeigte:

ÜBERGÄNGE GESTALTEN ALS LANGFRISTIGES VORHABEN

Titel der Präsentation	Inhalt
Kleeblatt „Englisch"	Schulartübergreifende Abstimmung zur Schnittstellenthematik im Bereich des Fremdsprachenlernens
Kooperation Grundschule – weiterführende Schulen in Lohr	
Physik in der Grundschule	Praxisbeispiel eines Kooperationsprojektes
Kooperation zwischen Lehrerseminaren einer Grundschule und eines Gymnasiums	Erläuterung des theoretischen und unterrichtspraktischen Rahmens der Zusammenarbeit; Analyse von Unterrichtsbesuchen und Austausch über die jeweils unterschiedlichen Ausbildungskonzepte; Vorstellung methodischer Besonderheiten
Elterneinbindung und transparente Leistungsmessung als Chance für einen harmonischen Übertritt	Vorstellung des Konzepts „Moderierter Elternabend" und Dokumentation der anschließenden Maßnahmen zur Förderung und Forderung des einzelnen Schülers
Virtuelle Grundschule	Kooperation einer 3. Klasse der Grundschule Grafenrheinfeld mit einer 5. Klasse des Celtis-Gymnasiums Schweinfurt → Veröffentlichung der Ergebnisse in der „Virtuellen Grundschule"
Kooperationsprojekte Grundschule – Gymnasium	Optische Aufbereitung des Beratungsverbundes; Übergang von Kindern mit AD(H)S.
Vorstellung der Begrüßungsmappe „1. Schultag"	Vorstellung eines besonderen ersten Schultages in Form einer Begrüßungsmappe in der Realschule
Kooperationsprojekt Grundschule – Gymnasium	Vorstellung des Projektes mit der Grundschule zum Thema „Ritter"
„Soft Step"	Vorstellen des Maßnahmenkatalogs: Wie können wir den Übergang besser gestalten? (für die Fächer Mathematik, Deutsch, Englisch); Landkreis Haßberge
Das Tabaluga-Projekt: Kinder lernen zuzuhören	Skizze der Unterrichtseinheit und des Curriculums dazu (Hertie-Stiftung)

Ergebnisse der Fachtagung

1. Kennenlernen und Erfahrungsaustausch
- Treffen von Lehrern verschiedener Schularten
- gegenseitiges Kennenlernen
- Vereinsarbeit als verbindendes Element
- enge Verzahnung notwendig
- früher Austausch zwischen Lehrern der 4. und 5. Klassen
- gegenseitige Schulhausbesuche
- Zusammenarbeit der Lehrer der 5. Klassen mit den Kollegen aus der Grundschule
- digitale Vernetzungsmöglichkeit nutzen
- Haupt-/Mittelschule als weiterführende Schule präsent machen (bereits in 3. Klasse Besuch, gemeinsame Aktionen, Tag der „offenen Tür" an der HS/MS)
- Transparenz des Schulsystems aufzeigen
- Lehrer aller Schularten müssen zusammenstehen
- Wertschätzung des anderen und des Wissens

2. Kooperation auf fachlicher Ebene
- Transparenz in der Notengebung
- Leistungsanforderungen deutlich machen
- Bedeutung der Noten im Verhältnis zur geforderten Leistung aufzeigen
- Kenntnis des Wissensstandes der Kinder, die übertreten wollen
- Förderung der Naturwissenschaften
- gemeinsame Standards festlegen
- Förderung sprachlicher Kompetenzen

3. Betreuung – soziales Lernen
- Transparenz ist notwendig: realistische Selbsteinschätzung
- sinnvolle Beratung
- Betreuung der Neuankömmlinge
- Begrüßungsgeschenk für Neuankömmlinge
- soziales Lernen berücksichtigen
- Kennenlerntag (vor 5. Klasse)

- Gestaltung des 1. Schultages für Kinder und Eltern
- Begrüßungsmappe als Pool für wissbegierige Eltern
- Begrüßung mit Eltern
- Geländeerkundung (Tutoren)

4. Arbeitsweisen
- kindgerechte Arbeitsweisen
- Austausch von Materialien
- durch Experimentieren zu Erkenntnissen
- Physik als Medium zum gegenseitigen Kennenlernen
- Naturwissenschaftliches Interesse wecken und fördern
- Lernen durch Lehren – Schüler unterrichten Schüler

VIDEO: Eine Grundschulklasse präsentiert ein Stück zum Thema „Übergang"
Video: zirkus_a_str.mov
Video: zirkus_a_str.avi

Kooperationskalender erstellen
Kooperationskalender stellen eine wichtige Hilfe bei der Umsetzung eines Konzepts zur Gestaltung der Übergänge dar. Sie zeigen die notwendigen Stationen zur professionellen Vorgehensweise auf, lassen aber dennoch genügend Spielraum zur Umsetzung mit lokalem Bezug.

5 Resümee

Angesichts der großen Bedeutung der Transitionen für die Entwicklung insbesondere des jungen Menschen ist die Gestaltung der Übergänge von einer Bildungseinrichtung in eine andere ein besonders sensibler Prozess, dem nicht genug Aufmerksamkeit geschenkt werden kann. Da Transition das gesamte Umfeld des Kindes erfasst und betrifft, gilt es, alle am Erziehungsprozess der Kinder Beteiligten einzubeziehen: Eltern, Lehrkräfte, weiteres pädagogisches Personal und die Schulaufsicht. Vielfältige vertrauensbildende Maßnahmen helfen dabei, dass die Betroffenen aktiv einbezogen werden und Einblicke in den jeweils anderen Bildungsbereich erhalten. Darauf aufbauend müssen Informationen ausgetauscht werden, um Wissen über die jeweiligen Schularten zu vermitteln, Vorurteile abzubauen und den Gestaltungsprozess positiv und wirksam zu beeinflussen. Erst dann können Strukturen aufgebaut werden, die der regionalen Ausweitung der Aktivitäten, der professionellen Organisation und der gezielten Nachhaltigkeit dienen.

So gewinnt „Übergänge gestalten" Projektcharakter. Der Prozess ist auf Kontinuität angelegt und betrifft nicht nur punktuell einzelne Lehrkräfte. Vielmehr ist die Schule als Gesamtsystem gefordert, ist es Aufgabe der inneren Schulentwicklung, die verschiedenen Schnittstellen in der Entwicklung des Kindes genau zu betrachten und sie als Chance für jeden Schüler zu nutzen. Gerade der Übergang von der vertrauten Umgebung der Grundschule in eine weiterführende Schule bringt neben dem räumlichen Wechsel auch eine Veränderung der eigenen Rolle mit sich. Dabei gilt es für die Lehrkräfte, gemeinsam, d. h. schulartübergreifend, zu denken und zu handeln. Die Schule hat die Aufgabe, sich den Kindern anzupassen, nicht umgekehrt!

Bei aller notwendigen Unterschiedlichkeit der Systeme muss für die Heranwachsenden ein fließender Übergang entstehen. Nur dann ist es möglich, dass Kinder Veränderung als etwas Positives erleben, an der sie wachsen und sich weiterentwickeln. So erhalten sie Strategien für weitere Übergänge, werden sie gestärkt für die eigene Lebensbewältigung.

Literaturverzeichnis

Vorwort

WILD, K.-P. (2002): Lebenslanges Lernen. Journal für die LehrerInnenbildung 3 (1), S. 49–53

Kapitel 1.1

BECKER-STOLL, F./NIESEL, R./WERTFEIN, M.: Handbuch Kinder in den ersten drei Lebensjahren. Theorie und Praxis für die Tagesbetreuung. Herder, Freiburg/B. 2009

BEELMANN, W.: Normative Übergänge im Kindesalter. Dr. Kovac, Hamburg 2006

BRANDTSTÄDTER, J.: Entwicklungspsychologie der Lebensspanne: Leitvorstellungen und paradigmatische Orientierungen. In: Jochen Brandstädter/Ulman Lindenberger (Hrsg.). Entwicklungspsychologie der Lebensspanne. Kohlhammer, Stuttgart 2007, S. 34–66

BRONFENBRENNER, U.: Die Ökologie der menschlichen Entwicklung. Fischer, Frankfurt/M. 1989

COWAN, P. (1991). Individual and family life transitions: A proposal for a new definition. In: Philip Cowan/E. Mavis Hetherington (Hrsg.). Family transitions: Advances in family research. Lawrence Erlbaum, Hillsdale NJ, 1991, S. 3–30

BÜHRMANN, T.: Übergänge in sozialen Systemen. Beltz, Weinheim 2008

DUNLOP, A.-W. (2007). Bridging research, policy and practice. In: Aline-Wendy Dunlop/Hilary Fabian (Hrsg.). Informing transitions in the early years. Open University Press, Maidenhead, Berkshire 2007, S. 152–168

DUNLOP, A.-W./FABIAN, H.: Conclusions. In: Hilary Fabian/Aline-Wendy Dunlop (Hrsg.). Transitions in the early years (3. Aufl.). London, RoutledgeFalmer 2006, S. 146–154

ELBEN, C. E./LOHAUS, A./BALL, J./KLEIN-HESSLING, J.: Der Wechsel von der Grundschule zur weiterführenden Schule: Differentielle Effekte auf die psychische Anpassung. Psychologie in Erziehung und Unterricht, 50 (2003), 4, S. 331–341

FAUST, G.: Übergänge gestalten – Übergänge bewältigen. Zum Übergang vom Kindergarten in die Grundschule. In: Werner Thole/Hans-Günther Roßbach/Maria Fölling-Albers u. a.(Hrsg.). Bildung und Kindheit. Barbara Budrich, Opladen 2008, S. 225–240

FILIPP, H.-S.: (1995). Ein allgemeines Modell für die Analyse kritischer Lebensereignisse. In Heide-Sigrun Filipp (Hrsg.). Kritische Lebensereignisse (3. Aufl.). Beltz, Weinheim 1995, S. 3–52

GRIEBEL, W.: Der Übergang zur Familie mit Kindergartenkind: Theorie und Empirie. In: Werner Thole/Hans-Günther Roßbach/Maria Fölling-Albers u. a. (Hrsg.). Bildung und Kindheit. Pädagogik der Frühen Kindheit in Wissenschaft und Lehre. Opladen: Barbara Budrich, Opladen 2008, S. 241–251

GRIEBEL, W.: Eltern im Übergang vom Kindergarten zur Grundschule. In: Angelika Diller/Hans Rudolf Leu/Thomas Rauschenbach (Hrsg.). Wie viel Schule verträgt der Kindergarten? VS, Wiesbaden 2010, S. 111–129

GRIEBEL, W.: Allgemeine Übergangstheorien und Transitionsansätze. In: Yvonne Manning-Chlechowitz/Sylvia Oehlmann/Miriam Sitter (Hrsg.). Frühpädagogische Übergangsforschung. Von der Kindertagesstätte in die Grundschule. Weinheim: Juventa, Weinheim 2011, S. 5–19

GRIEBEL, W./BERWANGER, D.: Der Übergang von der Grundschule in weiterführende Schulen im Lichte des Transitionsansatzes. Schulverwaltung (BY), 30 (2007), 2, S. 40–41

GRIEBEL, W./HIEBL, P.:Transition als ko-konstruktiver Prozess. Übergang in die weiterführende Schule als Transition für Kind und Eltern – die Kompetenzen aller Beteiligten sind gefragt. In: Akademie für Lehrerfortbildung und Personalführung Dillingen (Hrsg.). Übergänge gestalten. Grundschule – weiterführende Schulen. Akademiebericht Nr.454. ALP, Dillingen/Donau 2010, S. 17–29

GRIEBEL, W./NIESEL, R.: Übergänge verstehen und begleiten. Transitionen in der Bildungslaufbahn von Kindern. Cornelsen Scriptor, Berlin 2011

GRIEBEL, W./HARTMANN, R./THOMSEN, P.: Gelingende Praxis der Eingewöhnung in die Kinderkrippe – eine Entwicklung auch für die Eltern. In: Fabienne Becker-Stoll/Julia Berkic/Bernhard Kalicki (Hrsg.). Bildungsqualität für Kinder in den ersten drei Jahren. Cornelsen Scriptor, Berlin 2010, S. 170–179

HIEBL, P./GRIEBEL, W.: Warum ist die aktive Gestaltung des Übergangs Grundschule – weiterführende Schule notwendig? In: Akademie für Lehrerfortbildung und Personalführung Dillingen (Hrsg.). Übergänge gestalten. Grundschule – weiterführende Schulen. Akademiebericht Nr. 454. ALP, Dillingen/Donau 2010, S. 31–36

KAGAN, S. L./NEUMAN, M. J.: Lessons from three decades of transition research. The Elementary School Journal, 98 (1998), 49, S. 365–380

KLEINE, L./BIRNBAUM, N./ZIELONKA, M. u. a.: Auswirkungen institutioneller Rahmenbedingungen auf das Bildungsstreben der Eltern und die Bedeutung der Lehrerempfehlung. Journal für Bildungsforschung Online 2 (2010), 1, S. 70–93

KUTSCHA, G.: Übergangsforschung – Zu einem neuen Forschungsbereich. In: Klaus Beck/Adolf Kell (Hrsg.). Bilanz der Bildungsforschung. Weinheim: Deutscher Studien Verlag, Weinheim 1991, S. 113–155

LAZARUS, R.S. (1995). Stress und Stressbewältigung – ein Paradigma. In: Heide-Sigrun Filipp (Hrsg.). Kritische Lebensereignisse (3. Aufl.). Beltz, Weinheim 1995, S. 198–232

MITZLAFF, H./WIEDERHOLD, K. A. (1989). Gibt es überhaupt „Übergangsprobleme"? Erste Ergebnisse aus einem Forschungsprojekt. In: Rosemarie Portmann/Karl A. Wiederhold/Hartmut Mitzlaff (Hrsg.). Übergänge nach der Grundschule. Frankfurt/M.: Arbeitskreis Grundschule, Frankfurt/M. 1989, S. 12–41

NIESEL, R./GRIEBEL, W.: Transitionen. In: Raimund Pousset (Hrsg.). Handwörterbuch für Erzieherinnen und Erzieher (2. aktualisierte Aufl.). Cornelsen Scriptor, Berlin 2010, S. 445–448

NIESEL, R./GRIEBEL, W./NETTA, B.: Nach der Kita kommt die Schule. Mit den Kindern den Übergang schaffen. Herder, Freiburg/B. 2008

OERTER, R./MONTADA, L. (HRSG.): Entwicklungspsychologie (3. Aufl.). PVU, Weinheim 1995

PUSCHNER, F.: Transition vom Gymnasium an die Realschule: Am Beispiel der 7. und 8. Jahrgangsstufe. SVH, Saarbrücken 2010

SCHAUENBERG, M.: Übertrittsentscheidungen nach der Grundschule. Empirische Analysen zu familialen Lebensbedingungen und Rational-Choice. München: Herbert Utz, München 2007

SCHNEEWIND, K. A.: Familienpsychologie (3. Aufl.). Kohlhammer, Stuttgart 2010

SIRSCH, U.: Probleme beim Schulwechsel. Waxmann, Münster 2000

VALSINER, J.: Culture and human development: A co-constructionist perspective. Annals of Theoretical Psychology, 20 (1994), S. 247–298

WELZER, H.: Transitionen – ein Konzept zur Erforschung biographischen Wandels. Handlung Kultur Interpretation, 2 (1993), 3, S. 137–154

Kapitel 1.2

BEUTEL, S.-I.: Brücken bauen: Von der Grundschule in das weiterführende Schulsystem. In: SchulVerwaltung 11(2001) 6, S. 234–237

IM INTERNET:
HTTP://WWW.UEBERGAENGEGESTALTEN.DE/635.html (2.01.2011)
HTTP://WWW.UEBERGAENGEGESTALTEN.DE/449.html (10.02.2011)
HTTP://WWW.UEBERGAENGEGESTALTEN.DE/528.html 12.02.2011)
HTTP://MITTELSCHULE.BAYERN.DE (10.03.2011)
HTTP://WWW.SCHULBERATUNG.bayern.de/schulberatung/bayern/schulsystem/ (13.04.2011)
HTTP://SOFTSTEP.REGIOMONTANUS-GYMNASIUM.DE (10.05.2011)

Kapitel 2

ALTRICHTER, H.: Schulentwicklung und Professionalität. Bildungspolitische Entwicklungen und neue Anforderungen an Lehrerinnen. In: Johannes Bastian/Werner Helsper/Sabine Reh/Carla Schelle (Hrsg.): Professionalisierung im Lehrerberuf. Leske + Budrich, Opladen 2000, S.145–166

AURIN, K.: Gemeinsam Schule machen. Schüler, Lehrer, Eltern – ist Konsens möglich? Klett-Cotta, Stuttgart 1994

AVENARIUS, H., DITTON, H., DÖBERT, H. u.a.: Bildungsbericht für Deutschland. Erste Befunde. Opladen,Leske + Budrich 2003

BELLENBERG, G.: Individuelle Schullaufbahnen. Eine empirische Untersuchung über Bildungsverläufe von der Einschulung bis zum Abitur. Weinheim, Beltz 1999

BÖNSCH, M.: Zur Neubestimmung der Lehrerrolle: Zum Verhältnis von Schule und LehrerInnen. In: Unterrichtswissenschaft, 22(1994)1, S.73–84

BREMER ERKLÄRUNG. In: BILDUNGSPOLITISCHES SYMPOSIUM DES VBE (HRSG.): Lehrerinnen und Lehrer und ihre Berufsauffassung – gibt es noch ethische Orientierung für die pädagogische Praxis? (10.November 2000) Berlin 2000

BRENNER, P. J.: Wie Schule funktioniert. Schüler, Lehrer, Eltern im Lernprozess. Kohlhammer, Stuttgart 2009

BRINKMANN, W.: Der Beruf des Lehrers. Perspektiven der Erziehungswissenschaft und der Lehrerverbände. Klinkhardt, Bad Heilbrunn/Obb. 1976

BÜCHNER , P. , KOCH, K.: Von der Grundschule in die Sekundarstufe. Band 1: Der Übergang aus Kinder- und Elternsicht. Opladen, Leske + Budrich 2000

DÄSCHLER-SEILER, S.: Der Übergang in die Realschule. In: E. Schumacher (Hrsg.). Übergänge in Bildung und Ausbildung. Gesellschaftliche, subjektive und pädagogische Relevanzen (125–146). Bad Heilbrunn, Klinkhardt 2004

DITTON, H.: Ungleichheit und Mobilität durch Bildung. Theorie und empirische Untersuchungen über sozialräumliche Aspekte von Bildungsentscheidungen. Weinheim, Beltz 1992

DOPPKE, M./GISCHH.: Elternarbeit. Fakten, Gründe, Praxistipps. (Schulmanagement-Handbuch, Bd. 115) Oldenbourg, München 2005

ECCLES, J. et al.: Schools, families, and early adolescents: What are we doing wrong and what can we do instead? In: DevelopmentalandBehavioralPediatrics, 17(1996)4, S.267–276

ELBEN, C. E., LOHAUS, A., BALL, J., KLEIN-HESSLING, J.: Der Wechsel von der Grundschule zur weiterführenden Schule: Differentielle Effekte auf die psychische Anpassung. Psychologie in Erziehung und Unterricht, 50 (2003), 4, S. 331–341

EYRAINER, J./LEOPOLD W. u. a.: Eine Brücke zwischen Grundschule und Gymnasium. Mehr Kontinuität statt Kluft. C.C. Buchner, Bamberg 2010

FEND, H.: Qualität im Bildungswesen. Schulforschung zu Systembedingungen, Schulprofilen und Lehrerleistung. Juventa, Weinheim, München 1998

GUDJONS, H.: Didaktik zum Anfassen. Lehrer/in – Persönlichkeit und lebendiger Unterricht. Klinkhardt, Bad Heilbrunn/Obb. 1997

GUDJONS, H.: Belastungen und neue Anforderungen. Aspekte der Diskussion um Lehrer und Lehrerinnen in den 80er und 90er Jahren. In: Johannes Bastian/Werner Helsper/Sabine Reh/Carla Schelle(Hrsg.): Professionalisierung im Lehrerberuf. Leske + Budrich, Hamburg 2000, S.33–54

GUTACHTEN DES WISSENSCHAFTLICHEN BEIRATS FÜR FAMILIENFRAGEN: Stärkung familialer Beziehungs- und Erziehungskompetenzen. (hrsg. vom Bundesministerium für Familie, Senioren, Frauen und Jugend) Kurzfassung 2005

GRIEBEL, W. & BERWANGER, D.: Der Übergang von der Grundschule in weiterführende Schulen. Schulverwaltung (BY) 30, 2, 40–41, 2007

HELLER, K. A.: Einleitung und Übersichtsreferat. In: Kurt A. Heller (Hrsg.): Leistungsdiagnostik in der Schule. Huber, Bern u. a. 1984

KANDERS, M., RÖSNER E., H.-G. ROLFF: Das Bild der Schule aus der Sicht von Schülern und Lehrern – Ergebnisse zweier IFS-Repräsentativbefragungen. In: Hans-Günter Rolff u.a. (Hrsg.): Jahrbuch der Schulent-

LITERATURVERZEICHNIS

wicklung, Bd. 9. Juventa, Weinheim, München 1996, S. 57–113

KORTE, J.: Erziehungspartnerschaft Eltern – Schule. Von der Elternarbeit zur Elternpädagogik. Beltz, Weinheim/Basel 2008

LEHMANN, R. H., PEEK, R., GÄNSEFUSS, R.: Aspekte der Lernausgangslage von Schülerinnen und Schülern der fünften Klassen an Hamburger Schulen (LAU 5). Hamburg 1997

LIEGMANN, A., LUMER, B.: Zukunft oder Zumutung? Zum Übergang von der Grundschule in die Hauptschule. In: E. Schumacher (Hrsg.). Übergänge in Bildung und Ausbildung. Gesellschaftliche, subjektive und pädagogische Relevanzen (103–124). Bad Heilbrunn, Klinkhardt 2004

MAHR-GEORGE, H.: Determinanten der Schulwahl beim Übergang in die Sekundarstufe I. Leske + Budrich, Opladen 1999

MEYER, H.: Schulpädagogik. Bd. II: Für Fortgeschrittene. Cornelsen Scriptor, Berlin 1997

MITZLAFF, H., WIEDERHOLT, K. A.: Gibt es überhaupt „Übergangsprobleme"? Erste Ergebnisse aus einem Forschungsprojekt. In Portmann, R., Wiederholt, K. A. & Mitzlaff, H. (Hrsg.). Übergänge nach der Grundschule (S. 12–41). Frankfurt/Main, Arbeitskreis Grundschule 1989

MUTZECK, W.: Beratung. In: Waldemar Pallasch/Wolfgang Mutzeck/Heino Reimers (Hrsg.): Beratung – Training – Supervision. Eine Bestandsaufnahme über Konzepte zum Erwerb von Handlungskompetenz in pädagogischen Arbeitsfeldern. Juventa, Weinheim u. München 1992, S. 16–20

PORTMANN, R.: Jetzt trennen sich die Wege endgültig. Übergänge zu den weiterführenden Schulen. In D. Haarmann (Hrsg.). Handbuch Grundschule. Band 1. Allgemeine Didaktik: Voraussetzungen und Formen grundlegender Bildung. (3. Aufl.) (S. 152 - 160). Weinheim, Beltz 1996

SAAD, H., W. LEUMER: Lernen, in einer multikulturellen Gesellschaft zu leben: Der Bezug Elternhaus – Schule. National Institute of Adult Continuing Education. Leicester 1997

SACHER, W.: Elternarbeit: Forschungsergebnisse und Empfehlungen. Zusammenfassung der Repräsentativ-Untersuchung an den allgemeinbildenden Schulen Bayerns im Sommer 2004. (Schulpädagogische Untersuchungen Nürnberg, Nr. 25) Nürnberg 2005

SCHMID, HOLGER, D.N. KUNTSCHE, M. DELGRANDE (Hrsg.): Anpassen, ausweichen, auflehnen? Fakten und Hintergründe zur psychosozialen Gesundheit und zum Konsum psychoaktiver Substanzen von Schülerinnen und Schülern. Haupt, Bern 2001

SCHRADER, F.-W./A. HELMKE: Alltägliche Leistungsbeurteilung durch Lehrer. In: Franz E. Weinert (Hrsg.): Leistungsmessungen in Schulen. Beltz, Weinheim, Basel 2001, S. 45–58

SCHUCHART, C.: Verteilungsgerechtigkeit schulischer Selektionsprozesse. Beitrag zur 63. AEPF-Tagung der Sektion Empirische Bildungsforschung der Deutschen Gesellschaft für Erziehungswissenschaft Frankfurt/M. vom 17.–19.03.2003.

SCHUMACHER, E.: Zum Übergang von der Grundschule in das Gymnasium. In: Eva Schumacher (Hrsg.): Übergänge in Bildung und Ausbildung. Gesellschaftliche, subjektive und pädagogische Relevanzen. Klinkhardt, Bad Heilbrunn 2004, S. 147–169

STRUCK, P.: Elternhandbuch Schule. Wissenschaftliche Buchgesellschaft, Darmstadt 2006

TERHART, E. (Hrsg.): Perspektiven der Lehrerbildung in Deutschland. Abschlussbericht der von der Kultusministerkonferenz eingesetzten Kommission. Beltz-Verlag, Weinheim, Basel 2000

WIATER, W.: Vom Schüler her unterrichten. Eine neue Didaktik für eine veränderte Schule. Auer-Verlag, Donauwörth 1999

WOLLENWEBER, H.: Das Berufsbild des Lehrers als Grundlage der Lehrerausbildung. In: Pädagogische Rundschau, 50(1996), S. 265–276

Kapitel 3.1

BARTNITZKY, Horst/SPECK-HAMDAN Angelika (HRSG.): Leistungen der Kinder wahrnehmen – würdigen – fördern. Grundschulverband, Frankfurt a. M. 2004

BARTNITZKY, Horst u. a. (HRSG.): Pädagogische Leistungskultur: Materialien für die Klasse 3/4. Beiträge zur Reform der Grundschule, Bd. 121. Grundschulverband, Frankfurt a. M. 2006

BOS, Wilfried/LANKES, Eva-Maria/Prenzel, Manfred/SCHIPPERT, Knut/WALTHER, Gerd/VALTIN, Renate (Hgg.): Erste Ergebnisse aus IGLU. Schülerleistungen am Ende der vierten Jahrgangsstufe im internationalen Vergleich. Münster u. New York, Waxmann, 2003

GRUNDSCHULVERBAND: 121 Beiträge zur Reform der Grundschule, Heft 2 „Pädagogische Leistungskultur: Materialien für die Klasse 3 und 4 – zum Umgang mit Noten", 2006

KULTUSMINISTERKONFERENZ: Beschluss der Kultusministerkonferenz über die Notengebung, 3.10.1968

STAATSINSTITUT für Schulqualität und Bildungsforschung München: Handreichung „Leistung neu denken - Empfehlungen, Ideen, Materialien", Auer Verlag, Donauwörth 2007

IM INTERNET:

BAUMERT, Jürgen/BOS, Wilfried, KÖLLER, Olaf u. a. (HRSG): TIMSS/III–Deutschland, der Abschlussbericht. Zusammenfassung ausgewählter Ergebnisse der Dritten Internationalen Mathematik- und Naturwissenschaftsstudie zur mathematischen und naturwissenschaftlichen Bildung am Ende der Schullaufbahn, Berlin 2000 (http://www.timss.mpg.de/TIMSS_im_Ueberblick/TIMSSIII-Broschuere.pdf 05.02.11)

KÖLLER, Prof. Dr. Olaf, Humboldt-Universität zu Berlin, IQB, GDSU-Tagung Berlin, 12.03.2009: Bildungsstandards und Sachunterricht (www.gdsu.de/wb/media/PDF/pp_120309a.pdf 05.02.2011)

KULTUSMINISTERKONFERENZ: Bildungsstandards, Beschluss der KMK vom 15.10.2004 (http://www.kmk.org/bildung-schule/qualitaetssicherung-in-schulen/bildungsstandards/dokumente.html)

KULTUSMINISTERKONFERENZ/INSTITUT zur Qualitätsentwicklung im Bildungswesen: Kompetenzstufenmodell zu den Bildungsstandards im Fach Deutsch - Lesen für den Primarbereich (Jahrgangsstufe 4), Stand: 29. Oktober 2008 (http://www.iqb.hu-berlin.de/bista?reg=r_4)

KULTUSMINISTERKONFERENZ/INSTITUT zur Qualitätsentwicklung im Bildungswesen: Kompetenzstufenmodell zu den Bildungsstandards im Fach Mathematik für den Primarbereich (Jahrgangsstufe 4), Stand: 29. Oktober 2008 (http://www.iqb.hu-berlin.de/bista?reg=r_4)

INSTITUT zur Qualitätsentwicklung im Bildungswesen (IQB): Bildungsstandards (http://www.iqp.hu-berlin.de/bista?reg=r_1 05.02.11)

BAYERRISCHER LEHRER- UND LEHRERINNEN-VERBAND (BLLV): Notengebung (http://www.bllv.de/fileadmin/Dateien/mittelfranken/pdf-Dateien/Info-Dienst/Notengebung.pdf 05.02.11)

SCHULAMT LANDSHUT: Handreichung „Leistung" (http://www.schulberatung.bayern.de/imperia/md/content/schulberatung/pdfmuc/verschiedenes/multi_erw_eltern_handreichung_ak_leistung_schulamt_landshut.pdf 05.02.11)

Kapitel 3.9.2

EYRAINER, J./LEOPOLD W. u. a.: Eine Brücke zwischen Grundschule und Gymnasium. Mehr Kontinuität statt Kluft. C.C. Buchner, Bamberg 2010

FRIEDRICH VERLAG (HRSG): Der Fremdsprachliche Unterricht Englisch. Heft 103 (Januar 2010): Englisch in Klasse 5. Friedrich, Seelze 2010

HAß, F. (HRSG): Fachdidaktik Englisch – Tradition, Innovation, Praxis. Klett, Stuttgart 2006

KLIPPEL, Friederike: Englisch in der Grundschule, Handbuch für den kindgemäßen Fremdsprachenunterricht. Berlin: Cornelsen Scriptor, 2007

SCHMID-SCHÖNBEIN, Gisela: Didaktik: Grundschulenglisch, Anglistik, Amerikanistik. Berlin: Cornelsen, 2001.

SCHMID-SCHÖNBEIN, Gisela: Didaktik und Methodik für den Englischunterricht. Berlin: Cornelsen, 2008.

SOMMERSCHUH, Günther: Von der Grundschule zur Sekundarstufe: Ein konstruktiver Übergang. In: EDELHOFF (Hrsg): Englisch in der Grundschule und darüber hinaus, Eine praxisnahe Orientierungshilfe. Frankfurt: Diesterweg, 2003, S. 110–121

STAATSINSTITUT FÜR SCHULQUALITÄT UND BILDUNGSFORSCHUNG MÜNCHEN (HRSG): Step further – Von der Grundschule zu weiterführenden Schulen. Cornelsen, Berlin 2009

WAAS, Ludwig; HAMM, Wolfgang: Englischunterricht in der Grundschule konkret. Donauwörth: Auer Verlag, 2004

ZIEGÉSAR, D. UND M.: Einführung von Grammatik im Englischunterricht. Materialien und Modelle. Ehrenwirth, München 1992.

Kapitel 4

IM INTERNET:

ALP DILLINGEN: Fortbildungslehrgang 75/356 vom 10.12.–12.12.2008. Zit. nach HTTP://WWW.UEBERGAENGEGESTALTEN.DE/482.html (27.04.2011)

BRECH, Uli: SoftStep – Übergänge gestalten im Landkreis Haßberge. Vortrag gehalten am Regiomontanus-Gymnasium Haßfurt. Veröffentlicht unter http://softstep.regiomontanus-gymnasium.de/softstep_vortrag.pdf (Stand 27.04.2011)

HTTP://WWW.UEBERGAENGEGESTALTEN.DE/482.html (7.02.2011)
HTTP://WWW.UEBERGAENGEGESTALTEN.DE/456.html (16.04.2011)

Quellennachweis

BILDER

1.2.5
Schulsystem: Bayerisches Staatsministerium für Unterricht und Kultus. Entnommen: HTTP://WWW.SCHULBERATUNG.bayern.de/schulberatung/bayern/schulsystem/ (13.04.2011)

Materialsammlung

MATERIALSAMMLUNG

KV 1 – Elternfragebogen.doc
KV 2 – Schuelerprofil.doc
KV 3 – Schuelerfragebogen_zu_Schuljahresbeginn.doc
KV 4 – Schuelerfragebogen_zu_Beginn_des_zweiten_Halbjahrs.doc
KV 5 – Einladung_zum_Kooperationstreffen_I.doc
KV 6 – Einladung_zum_Kooperationstreffen_II.doc
KV 7 – Expertenbesuch.doc
KV 8 – Grundschultag.doc
KV 9 – Einladung_zum_Grundschultag.doc
KV 10 – Einladung_zur_Uebergabekonferenz.doc

Diese Dokumente befinden sich auch als veränderbare word-Dateien auf der beiliegenden DVD.

Diese enthält zusätzlich folgende Dateien:

▶ Vorlage für einen Kooperationskalender (Kooperationskalender.ppt)

▶ Projektablauf als PowerPoint-Präsentation (Projektablauf.ppt) sowie die Folien als Einzeldateien:
- Dialog.png
- Elternebene.png
- Hospitationen.png
- Kalender.png
- Kinder_im_Zentrum.png
- Koopkalender01.png
- Lehrerebene.png
- Methodentraining.png
- Methodentraining2.png
- Paed_psych_Grundlagen.png
- Ueberblick.png

▶ Originalprojektdateien zu einer Fachtagung in Karlstadt (Ordner Fachtagung_Karlstadt):
- Karlstadt_Bericht.pdf
- Karlstadt_Ergebnisse.pdf
- Karlstadt_Kooperationsprojekte.pdf
- Karlstadt_Markt.pdf
- Karlstadt_Programm.pdf

▶ Videos:
- Moskitos.mov
- Moskitos.avi
- zirkus_a_str.mov
- zirkus_a_str.avi

▶ Gemeinschaftsprojekt.pdf

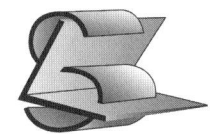

Virtuelle Schule
Lernen für die Zukunft

Weitere Materialien (Texte, Formblätter, Videos) finden Sie unter http://www.uebergaengegestalten.de
Uebergaengegestalten.de ist ein Webauftritt der Virtuellen Schule (http://www.virtuelle-schule.com)

So erlebe ich mein Kind

Name: _____ Klasse: _____ Datum: _____

Motivation
Begeisterung für die Schule/schulisches Arbeiten/Lieblingsfächer

Hausaufgaben
Herangehensweise an die Hausaufgaben/Inwiefern können Sie Ihr Kind bei den Hausaufgaben unterstützen?/Wie lange benötigt es durchschnittlich für die Hausaufgaben?

Lese- /Medienverhalten
Lieblingsbücher oder -spiele/Beschäftigung mit PC/Fernsehkonsum und -sendungen

Probleme
In welchen Bereichen benötigt ihr Kind Unterstützung? Auf welche Schwächen sollte die Schule achten?

Wünsche/Tipps/Sonstiges

Ihre Fragen

Schülerprofil (1)

Name: _____

Klasse: _____

Allgemeine Informationen
(auf der Basis des Fragebogens zu Schuljahresbeginn)

Elternbefragung: So erlebe ich mein Kind	
(auf der Basis des Elternfragebogens „So erlebe ich mein Kind")	
Motivation	
Hausaufgaben	
Lese-/ Medienverhalten	
Probleme	
Wünsche	
Tipps	
Sonstiges	

Schülerprofil (2)

Name: _____

Klasse: _____

Elterngespräche/Elterninformationen (Informationen aus Elterngesprächen)	
Datum des Elterngesprächs	**Vereinbarungen**

Beobachtungen im Unterricht (konkrete Beobachtungsmomente: fachspezifisch, Arbeitshaltung, Sozialverhalten, …)	
Datum	**Beobachtung**

Informationen aus dem Übertrittszeugnis
(je nach Bundesland)

Informationsaustausch mit den Fachlehrern

Schülerfragebogen zu Schuljahresbeginn (1)

Name: _____ Klasse: _____

Ich heiße _____ und wohne in _____.

Meine Geschwister heißen _____.
(Schreibe das Alter deiner Geschwister hinter den Namen.)

Meine Freunde/Freundinnen in der Klasse heißen _____
_____.

In der 4. Klasse war ich in der Grundschule in _____.
Mein(e) Grundschullehrerin/-lehrer hieß _____.

Mein Lieblingsfach ist: _____.
Dieses Fach mag ich nicht: _____.

In meiner neuen Klasse möchte ich am liebsten neben _____ sitzen.
Neben _____ möchte ich keinesfalls sitzen.

Meine Hausaufgaben mache ich: ○ im eigenen Zimmer
                                        ○ in einem anderen Zimmer
                                        _____ (Nenne das Zimmer.)

Meine Hausaufgaben mache ich um _____ Uhr.
Wenn ich Hausaufgaben mache, ist meistens _____ im Zimmer dabei.
Bei Problemen bei den Hausaufgaben hilft mir:
    ○ Mama oder Papa
    ○ Geschwister
    ○ niemand
    ○ _____

Wenn ich nach der Schule nach Hause komme, sind folgende Personen auch da:
    ○ Mama
    ○ Papa
    ○ Oma/Opa
    ○ Geschwister

Schülerfragebogen zu Schuljahresbeginn (2)

Name: _____   Klasse: _____

Täglich beschäftige ich mich _____ Stunden am Computer, am liebsten mit
_____.

Täglich sehe ich ungefähr _____ Stunden fern.

Meine Lieblingssendung ist _____.

In meiner Freizeit mache ich am liebsten Folgendes: _____
_____

Abends gehe ich um _____ Uhr ins Bett.

Am Wochenende machen meine Familie und ich besonders gerne:
_____

Meine Sorgen erzähle ich:

- ○ Mama
- ○ Papa
- ○ Oma
- ○ Opa
- ○ Freund/Freundin _____

So schätze ich mich ein:

Das finde ich gut an mir: _____

Das finde ich nicht gut an mir: _____

In meiner Schule ist vieles anders.

Das gefällt mir: _____

Das gefällt mir nicht so gut: _____

Schülerfragebogen zu Beginn des zweiten Halbjahres (1)

Name: _____   Klasse: _____

1. Meine Freunde/Freundinnen heißen: _____
   _____

2. Mein Lieblingsfach ist: _____

3. Dieses Fach mag ich nicht: _____

4. Diese Fächer fallen mir leicht: _____

5. Diese Fächer fallen mir schwer: _____

6. Neben folgenden Klassenkameraden kann ich am besten lernen:
   _____

7. Neben folgenden Klassenkameraden kann ich schlecht lernen:
   _____

8. Welche Hausaufgaben ich zu erledigen habe, weiß ich
   ○ immer ganz genau
   ○ meistens
   ○ selten

   Begründe deine Antwort: _____
   _____

9. Diese Aussagen treffen auf mich zu:
   ○ Ich erledige zuerst **alle** schriftlichen Hausaufgaben, dann lerne bzw. wiederhole ich den gelernten Stoff.
   ○ Ich erledige zunächst die Arbeiten, die mir schwerfallen, anschließend die, die mir leichtfallen.
   ○ Ich lerne jedes Fach extra (zuerst schriftlich, dann mündlich).
   ○ Ich lasse den mündlich gelernten Stoff (Vokabeln, Hefteinträge,…) von jemandem abfragen.
   ○ Ich erledige meine Hausaufgaben immer allein.
   ○ Während meiner Hausaufgaben bin ich häufig abgelenkt durch Musik, Geschwister, _____

Schülerfragebogen zu Beginn des zweiten Halbjahres (2)

Name: _____   Klasse: _____

10. Für meine schriftlichen Hausaufgaben benötige ich in der Regel:
    - ○ nicht länger als eine Stunde
    - ○ zwischen einer und zwei Stunden
    - ○ länger als zwei Stunden

    _____

11. Für meine mündlichen Hausaufgaben (Vokabeln, Einträge lernen, in Schulbüchern nachlesen) benötige ich in der Regel:
    - ○ nicht länger als eine Stunde
    - ○ zwischen einer und zwei Stunden
    - ○ länger als zwei Stunden

12. Wenn ich einen Hefteintrag lerne, dann:
    - ○ lese ich mir den Eintrag _____ mal durch
    - ○ wiederhole ich bei geschlossenem Heft, was ich vom Gelernten noch weiß
    - ○ lasse ich mich von jemandem abfragen
    - ○ _____

13. Meine Hausaufgaben mache ich:
    - ○ im eigenen Zimmer
    - ○ in einem anderen Zimmer (Nenne das Zimmer.): _____

14. Meine Hausaufgaben erledige ich:
    - ○ sofort nach der Schule
    - ○ nach einer kurzen Pause
    - ○ am Abend

Schülerfragebogen zu Beginn des zweiten Halbjahres (3)

Name: _____ Klasse: _____

15. Ich wiederhole regelmäßig alte Vokabeln:
    ○ ja
    ○ nein

16. Vor einer Mathe-/Englisch-Schulaufgabe beginne ich mit dem Lernen:
    ○ 1 Tag vorher
    ○ 2 Tage vorher
    ○ 1 Woche vorher
    ○ _____

17. Ich weiß immer ganz genau, welche Fächer ich an welchem Tag habe:
    ○ ja
    ○ nein

18. Meine Büchertasche packe ich täglich selbstständig:
    ○ ja
    ○ mit Hilfe _____

19. Im Schulhaus kenne ich mich sehr gut aus:
    ○ ja
    ○ diese Räume, Stockwerke möchte ich besser kennenlernen:
    _____

20. So schätze ich mich ein:

    Das kann ich gut/finde ich gut an mir: _____
    _____
    _____

    Das kann ich nicht so gut/finde ich nicht gut an mir: _____
    _____
    _____

Einladung zum Kooperationstreffen I

_____ , _____

Liebe Kolleginnen und Kollegen,

unser geplantes Kooperationstreffen zum Thema „Übergang Grundschule – weiterführende Schulen" findet am _____ im/in _____ statt. Wir treffen uns um _____ Uhr in _____ .

Bei unserem Treffen wollen wir folgende Punkte besprechen:

1. Ablauf des Informationsabends im/in _____ für die Grundschulkinder am _____ .

2. Besprechung der Expertenbesuche (Schüler der 5. Jahrgangsstufe besuchen ihre ehemalige Grundschule – konkrete Terminvorschläge wären hilfreich.)

3. Besprechung der Kollegenbesuche (Lehrer der weiterführenden Schulen besuchen die zuführenden Grundschulen im Mai/Juni/Juli – konkrete Terminvorschläge der Grundschulen wären hilfreich.)

4. Erstellung allgemeiner Schülerprofile (Hauptschulkind, Realschulkind, Gymnasiast); Intention: zielgerichtete Zuweisungsempfehlung für Grundschüler

5. Fachspezifisches

Es wäre schön, wenn Sie uns bis _____ mitteilen könnten, ob ein Vertreter Ihrer Schule an unserem Kooperationstreffen teilnehmen kann.

Mit freundlichen Grüßen

Einladung zum Kooperationstreffen II

_____, _____

Liebe Kolleginnen und Kollegen,

unser geplantes Kooperationstreffen zum Thema „Übergang Grundschule – weiterführende Schulen" findet am _____ im/in _____ statt. Wir treffen uns um _____ Uhr in _____.

Bei unserem Treffen wollen wir folgende Punkte besprechen:

1. Reflexion der Expertenbesuche (Schüler der 5. Jahrgangsstufen an ihren ehemaligen Grundschulen)

2. Reflexion der Kollegenbesuche (Lehrer der weiterführenden Schulen an den zuführenden Grundschulen)

3. Fachspezifisches

Es wäre schön, wenn Sie uns bis _____ mitteilen könnten, ob ein Vertreter Ihrer Schule an unserem Kooperationstreffen teilnehmen kann.

Mit freundlichen Grüßen

Expertenbesuch – Schüler der weiterführenden Schule informieren die Grundschüler aus erster Hand

Zeitpunkt	zwischen Weihnachten und Fasching
Zeitrahmen	1–2 Unterrichtsstunden
Ort	an den Grundschulen
Beteiligte	Grundschulklassen, je 2 Schüler aus den weiterführenden Schulen pro Grundschulklasse
Material	PowerPoint-Präsentation bzw. Folien mit Bildern der Schule und vom Schulalltag
Organisation	■ durch Grundschullehrer der 4. Klassen und Beauftragten an der weiterführenden Schule ■ zuerst Briefwechsel, dann Besuch in der Klasse
Beschreibung des Vorhabens mit Methode	Grundidee: Schüler der weiterführenden Schule gehen als Experten in die Grundschulklassen Ablauf: ■ Vor dem Termin: ☐ Zwei Schüler der weiterführenden Schule (5. und/oder 6. Klassen) auswählen ☐ Brief der Schüler an die Grundschulklasse ☐ Antwortbrief der Grundschüler ■ Termin in der Grundschule: Vortrag (z. B. PowerPoint-Präsentation mit Fotos etc.) der Fünftklässler/Sechstklässler ■ Nach dem Termin: Dankesbrief der Grundschüler

Grundschultag/„Tag der offenen Tür" an der weiterführenden Schule (1)

Zeitpunkt	zwischen der Mitteilung des Notenstandes (Jan) und dem Anmeldezeitraum an der weiterführenden Schule → Terminabsprache mit den umliegenden Schulen (damit Eltern mehrere Termine wahrnehmen können)
Zeitrahmen	als ca. 3-stündige Nachmittagsveranstaltung (z. B. 15–18 Uhr) → günstig ist der Freitagnachmittag (viele Eltern arbeiten verkürzt)
Ort	weiterführende Schule
Beteiligte	Kollegium an weiterführender Schule, Schülergruppen, Elternbeirat, interessierte Grundschüler und ihre Eltern
Material	Einladungsschreiben an Eltern (über die Grundschule), Presseinformation, Organisationsplan
Organisation	• Beginn des Schuljahres: Bestimmung eines Koordinators und des Termins vor Weihnachten Aufforderung an die Fachbetreuer und Klassenlehrer, Vorschläge einzureichen (Abgabetermin setzen) • ca. acht Wochen vorher: Einladungsschreiben an die Grundschulen (an Schüler/Klassen und an die Grundschullehrer und Schulleitungen) • ca. vier Wochen vorher: Aufstellung eines Organisationsplans (Raumverteilung, Zeitplan, Materialliste) • ca. zwei Wochen vorher: Termin in der Presse veröffentlichen
Beschreibung des Vorhabens mit Methode	Grundidee: Kombination aus dem traditionellen „Tag der offenen Tür" als Werbeveranstaltung für eine Schule und der Information über rechtliche Voraussetzungen des Übertritts und inhaltliche Anforderungen der jeweiligen Schulart Ziele: Schüler und ihre Eltern sollen sowohl die Räumlichkeiten kennenlernen als auch Informationen über die Schulart bekommen, die Atmosphäre der Schule wahrnehmen und viel Raum haben, ihre Fragen frei zu stellen Puzzleteile: a) Fächer stellen sich vor – nicht nur mit Stellwänden etc., sondern mit Aktionen, die sowohl Inhalt des Faches vorstellen als auch *altersgerecht* zu einer Eigentätigkeit anregen b) Informationsvortrag der Beratungslehrkraft c) Schüler informieren Schüler d) Elterncafé: Eltern erhalten Informationen durch die Schule, aber auch durch andere Eltern, deren Kinder bereits an der weiterführenden Schule sind e) Informationen über Wahlfächer und außerschulische Angebote

Grundschultag/„Tag der offenen Tür" an der weiterführenden Schule (2)

Fächer	• Geschichte: Thema: „Ägypten" Stellwand mit Beispielen aus dem Unterricht (z. B. Arbeitsblätter oder Hefteinträge) und Basteln von Modellen aus Pappe und Papier (fertige Bastelbögen für Sarkophage, Totenmasken, Pyramiden etc.) • Mathematik: Thema: „Mathematische Spielstraße" • Deutsch: Thema: „Märchen" Spielszenen (Schulspielgruppe oder einzelne Klassen) und Märchenquiz (für alle); Vorlesen von Märchen (ältere Schüler oder Lehrkräfte lesen für die Gäste) • Englisch: „Reise um die Welt" Würfelspiel zu bekannten Sehenswürdigkeiten mit einfachen Äußerungen auf Englisch → Aktionen werden von Lehrkräften in Zusammenarbeit mit einzelnen Schülergruppen gestaltet Anmerkung: Bei den Aktionen sollen die Kinder auch beschäftigt werden, während die Eltern den Informationsvortrag besuchen.
Informationsvortrag der Beratungslehrkraft	• wendet sich vornehmlich an die Eltern • zu zwei alternativen Zeiten während der Aktion anbieten (Entzerrung, kleinere Gruppen, Flexibilität für die Eltern, …) • Inhalte: rechtlichen Voraussetzung des Übertritts sowie Anforderungen der Schulart, sofern vorhanden in Zusammenarbeit mit der an der Schule tätigen Grundschullehrkraft
Schüler informieren Schüler	• Hausführungen durch Schüler • Schüler zeigen ihre Schultaschen: Bücher, Hefte, Materialien • Schüler gestalten eine Info-Wand („Welche Ängste wir hatten" – „Was daraus geworden ist"…) • Schüler stellen ihre Lieblingsfächer vor Vorbemerkungen: Bei diesen Aktivitäten sollten insbesondere die Fünftklässler einbezogen werden. Sie informieren die nur wenig jüngeren Kinder aus erster Hand. Die Vorbereitung kann im Rahmen des Unterrichts organisiert werden (z. B. als Projekt im Deutschunterricht).
Elterncafé	Mitglieder des Elternbeirats und weitere Eltern (insbesondere aus den aktuellen 5. Klassen) stehen in einem definierten Bereich (Café) zum Gespräch zur Verfügung.
Informationen über Wahlfächer und außerschulische Angebote	je nach Fach/Aktivität sehr variable Vorstellung: • Roboterwerkstatt: „Battle" • Zirkus: Vorführung oder auch kleine Übungseinheiten • „Jugend forscht"-Gruppen: Experimente, Mikroskopieren, … • …

Einladung zum Grundschultag

_____, _____

Liebe Eltern der Viertklässler,

wir laden Sie und Ihr Kind recht herzlich zu unserem Grundschultag
am _____ um _____ Uhr ein.

Dabei können Sie Informationen über unsere Schule und ihre verschiedenen Laufbahnmöglichkeiten erhalten.

Auch alle Elternbeiräte sind herzlich eingeladen.

Während die Kinder an verschiedenen Workshops teilnehmen, bietet der Elternbeirat Kaffee und Kuchen an.

Die Schulleitung steht für Gespräche zur Verfügung.

Auf Ihr Kommen freuen sich die Lehrkräfte und die Schüler.

Mit freundlichen Grüßen

Einladung zur Übergabekonferenz

_____ , _____

Liebe Kolleginnen und Kollegen der 4. Klassen,

wie wir ja bereits in vielen Einzelgesprächen während des Schuljahres, etwa beim Beratungsabend der Grundschule, miteinander abgesprochen haben, wollen wir, die zukünftigen Lehrer der 5. Klassen, uns im Vorfeld der Klassenbildung für das kommende Schuljahr mit Ihnen als „abgebenden" Kollegen zu einem Gespräch über Schüler und zukünftige Klassen zusammensetzen. Dabei wurde _____ in _____ vorgeschlagen.

Aus unserer Sicht gibt es eine Menge wichtiger Fragen über unsere zukünftigen Schüler:
- Gibt es stark verhaltensauffällige Schüler?
- Leiden einzelne Kinder unter nachhaltigen Lern- und Leistungsstörungen?
- Welche Maßnahmen können hier helfen?
- Welche Stärken haben die Kinder?
- Welche Arbeitsweisen wurden eingeschult?
- Welche Einstellungen und Erwartungen der Elternschaft sind zu erwarten?
- Besteht Interesse, die 4.-Klässler an einem „Schnuppertag" durch die Schule führen zu lassen?

Wenn im Einzelfall nötig, wäre es sicherlich hilfreich, informative Unterlagen wie einzelne Schülerakten oder Klassenlisten mitzubringen. Wir freuen uns, dass Sie als erfahrene Klassenlehrer uns im Rahmen dieses Treffens das nötige Vertrauen und Vorwissen geben, um im neuen Schuljahr arbeitsfähige Klassenverbände aufzubauen und auf Ihrer fundierten Vorarbeit aufbauen zu können.

Mit kollegialen Grüßen